# 이야기 漢文 공부 I

송영일 지음

성실 · 교육 · 사랑 · 충성편

正進出版社

# 머리말

　한문과(漢文科) 교육은 크게 한자·한자어·한문 영역으로 대별된다. '한자'는 중학교 교육용 900자 고등학교 교육용 900자에 대한 학습을 하며, '한자어'는 국어 어휘의 많은 부분을 차지하고 있는 한자어 학습을 통하여 언어생활을 원활하게 하고, 다른 교과를 학습하는 데 도움을 주는 도구 교과적 역할을 한다. '한문'은 한자로 기록된 각종 한문을 이해는 데 필요한 기본적 능력을 기르는 데 중점을 둔다.

　한문과(漢文科) 교육 목표는 교육용 기초한자(1,800자)의 음과 뜻 알고 쓰기, 한자어를 바르게 읽고 쓰며 언어생활에 활용하기, 한문을 독해할 수 있는 기초적인 능력 기르기, 선인들의 삶과 지혜를 이해하고 건전한 가치관과 바람직한 인성 함양 하기, 전통문화를 계승 발전시키며 한자 문화권 내에서 상호 이해와 교류 증진하기 등이다.

　현장 한문과(漢文科) 교육은 이 같은 교육 목표를 실현하기 위해 주당 2~3시간을 할당하고 있으나, 우선 이를 제대로 교육할 수 있는 교육환경이 구축되어 있지 않으며, 교과 내용 역시 학습자의 수준과 실용 면을 제대로 반영하지 않고 있다. 즉, 고등학교의 경우, 중학교에서 한문을 배우지 않은 학생이 약 10%정도에 달하지만 이를 수용한 교과서는 없으며, 교과 내용 역시 난해한 한문 위주로 구성되어 있어 타 교과의 도구 교과적 역할이 미약하다. 또 선인들의 삶과 지혜, 건전한 가치관과 바람직한 인성을 함양할 수 있는 내용이 매우 적어 교육적 효과를 발휘하기 어렵다.

　한문과(漢文科) 현장교육(現場教育)은 교육 목표의 실현을 위해 이에 대한 개선과 보완이 시급한 실정이다. 이 책에서는 이 같은 문제점의 해결책으로 본문과 해설 등에서 실용 한자어와 성어를 많이 다루었으며, 미래 국가·사회의 정신적 강령이 될 수 있는 선인들의 좋은 글감을 주제별로 모아 본문에 배치하였다. 또 이의 해설과 보충설명을 추가함으로써 자율학습의 기능을 강화하였으며, 부수학습·자원학습·반의어·약자 등을 종합적으로 소개하여 통합 교육의 효과를 높였다. 단, 한문 문장을 이해는 데 필요한 기본 능력의 배양에는 다소 소홀한 점이 있으나, 이는 지도 교사의 보충·설명이 따른다면 교육 목표의 성취가 가능할 수 있을 것이다.

2006년 1월
저자 씀

## 이 책의 특징

**첫째,** 인간 생활의 기본이 되는 **성실·교육·사랑·충성(1권)**, **지혜·용기·우둔(2권)**, **효행·의리·교우·학문(3권)**에 대한 선인들의 이야기를 주 내용으로 하였다.

**둘째,** 우리의 전통과 동양 문화의 이해를 위하여 한문 문장의 글감을 많이 다루었으며, 또 이를 **우리말로 쉽게 번역**하고 풀이하였다.

**셋째,** 학습자 중심 교육을 위해 **통합 교과**(국어·도덕·역사·문화·자연 과학 등) 교육을 기본 원칙으로 하여 학습 내용을 다양화하였다.

**넷째,** **교육용 기초 한자 1,800자**를 모두 수용하여 중·고등학교 기본 한자 학습이 충실히 이루어질 수 있도록 하였다.

**다섯째,** 생활 한자·한자어를 실용적으로 다루어 학습자가 실제 생활에 직접 활용할 수 있도록 하였다.

**여섯째,** 한자의 '부수', '자원', '반의어', '약자' 등을 종합적으로 다루어 한자·한자어 학습이 기초부터 응용까지 가능하도록 하였다.

**일곱째,** '생각 키우기'란을 통해 자신의 삶을 되새겨 볼 수 있도록 하였으며, **논술 학습의 기초**도 다질 수 있도록 하였다.

**여덟째,** 한자 2,350자를 단순 암기식 아닌, **한자어·고사 성어·자원·부수**를 중심으로 자연스럽게 학습할 수 있도록 함으로써, **8~2급 한자급수검정 시험**에 무난히 합격할 수 있도록 하였다.

## 이 책의 구성과 교수·학습 방법

◎ 단원별 한자 배치 수

| 대단원 명 | | 소단원 수 | 기본 한자 (중학교) | 심화 한자Ⅰ (고등학교) | 심화 한자Ⅱ (2급 한자) | 부수 한자 | 자원 한자 |
|---|---|---|---|---|---|---|---|
| Ⅰ권 | 성실 | 12 | 72 | 62 | 40 | 12 | 4 |
| | 교육 | 12 | 72 | 74 | 36 | 5 | 10 |
| | 사랑 | 19 | 114 | 120 | 53 | 8 | 15 |
| | 충성 | 7 | 42 | 42 | 23 | 2 | 7 |
| 계 | | 4 | 50 | 300 | 298 | 152 | 27 | 36 |
| Ⅱ권 | 지혜 | 21 | 126 | 125 | 38 | 8 | 16 |
| | 용기 | 11 | 66 | 71 | 54 | 8 | 8 |
| | 우둔 | 18 | 108 | 89 | 96 | 2 | 23 |
| 계 | | 3 | 50 | 300 | 285 | 188 | 18 | 47 |
| Ⅲ권 | 효행 | 13 | 78 | 90 | 66 | 13 | 7 |
| | 의리 | 12 | 72 | 70 | 62 | 6 | 9 |
| | 교우 | 7 | 42 | 48 | 23 | 8 | 3 |
| | 학문 | 18 | 108 | 109 | 53 | 5 | 21 |
| 계 | | 4 | 50 | 300 | 317 | 204 | 32 | 40 |
| 총계 | | 11 | 150 | 900 | 900 | 543 | 77 | 123 |

| 단원별 급수 한자 | | 8급 | 7급 | 6급 | 5급 | 4급 | 3급 | 2급 | 총계 |
|---|---|---|---|---|---|---|---|---|---|
| Ⅰ권 | 성실 | 7 | 13 | 17 | 15 | 30 | 54 | 40 | 176 |
| | 교육 | 13 | 14 | 11 | 17 | 34 | 58 | 36 | 183 |
| | 사랑 | 6 | 14 | 23 | 26 | 62 | 103 | 53 | 287 |
| | 충성 | 0 | 4 | 7 | 7 | 29 | 35 | 23 | 105 |
| 계 | | 4 | 26 | 45 | 58 | 65 | 155 | 250 | 152 | 751 |
| Ⅱ권 | 지혜 | 10 | 19 | 22 | 29 | 62 | 109 | 38 | 289 |
| | 용기 | 1 | 4 | 11 | 10 | 54 | 58 | 54 | 192 |
| | 우둔 | 1 | 7 | 10 | 28 | 63 | 91 | 95 | 295 |
| 계 | | 3 | 12 | 30 | 43 | 67 | 179 | 258 | 187 | 776 |
| Ⅲ권 | 효행 | 5 | 2 | 11 | 26 | 52 | 75 | 66 | 237 |
| | 의리 | 1 | 8 | 15 | 13 | 40 | 63 | 61 | 201 |
| | 교우 | 1 | 5 | 4 | 8 | 24 | 48 | 23 | 113 |
| | 학문 | 5 | 10 | 19 | 21 | 50 | 114 | 53 | 272 |
| 계 | | 4 | 12 | 25 | 49 | 68 | 166 | 300 | 203 | 823 |
| 총계 | | 11 | 50 | 100 | 150 | 200 | 500 | 807 | 543 | 2,350 |

◎ 단원의 구성 및 교수·학습 방법

| 본문 | 해설 및 보충 | 한자어 풀이 | 한자 및 한자어 탐색 | 부수 및 자원 | 생활 한자어 | 주요 성어 탐색 | 생각 키우기 |
|---|---|---|---|---|---|---|---|
| 주제별 이야기 | 본문 해설 및 보충 설명 | 본문 및 해설 한자어 풀이 | 이해 학습 | 심화 학습 | 활용 학습 | 성어 학습 | 창의 학습 |
| ① | ② | ③ | ④ | ⑤ | ⑥ | ⑦ | ⑧ |

Ⅰ. 초보 학습 단계 : ① ⇒ ② ⇒ ③ ⇒ ④ 중학교 교육용 900자 한자(한자의 음·뜻)

Ⅱ. 보통 학습 단계 : ① ⇒ ② ⇒ ③ ⇒ ④ ⇒ ⑤(부수·자원) ⇒ ⑥(생활 한자어)

Ⅲ. 심화 학습 단계 : ①⇒ ②⇒③ ⇒ ④⇒ ⑤⇒ ⑥⇒ ⑦⇒ ⑧⇒ (종합 정리)


| 단 계 | 대 상 | 참 조 |
|---|---|---|
| Ⅰ. 초보 학습 | • 중학교에서 한문을 배우지 않은 단계<br>• 중학교 한자 학습의 기초가 부족한 단계 | ※④영역의 한자 음과 뜻은 중학교 교육용 한자임<br>※2급용 한자는 '*'로 표시하였음.<br>※초보에서 고급 단계로 학습 |
| Ⅱ. 보통 학습 | • 고등학교 한자 학습 가능 수준 단계<br>• 4급 한자 가능 수준의 학습 단계 | |
| Ⅲ. 심화 학습 | • 수학능력시험 및 급수 한자 고급 단계<br>• 대입논술 및 창의력 배양 단계 | |
| 학습 단계 순서 | Ⅰ⇒ Ⅱ ⇒ Ⅲ ⇒ 종합정리 | |

 차 례

1. 성실편 ----------------------------------------- 9

2. 교육편 ----------------------------------------- 51

3. 사랑편 ----------------------------------------- 91

4. 충성편 ----------------------------------------- 155

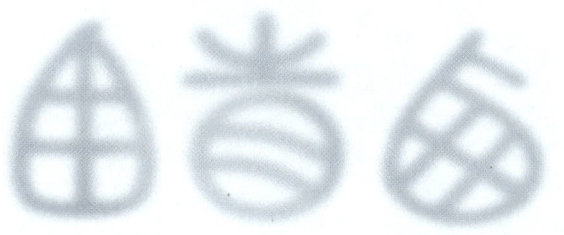

# 1. 성실편

▼
▼
▼

성실함은 자기를 속이지 않는 진실한 마음으로, 학문을 하는 가장 기본적 태도이며, 사람 구실을 하는 근본 도리이다.

성실편

# 1 어머니가 준 귤을 먹지 않다

　귤 두 개를 두 아들에게 주었는데, 어린 아들이 곁에 두고 먹지 않았다. 어머니가 그 이유를 물으니, 대답하였다.
　"요전에 제가 잘못을 하여 아버지께서 禁(금)하여 먹지 말라고 하셨습니다."
　아버지께서 마침 방으로 들어오시다가 아들이 말하는 소리를 듣고 기뻐하여 말했다.
　"아이가 능히 제 어머니를 속이지 않으니, 그 귤은 먹어도 좋다." (몽학한문초계)

**해설 및 보충설명**
　人間(인간) 생활에서 가장 큰 불행은 서로를 믿지 못하는 不信(불신)이다. 부모와 자식 간, 부부 간, 형제 간, 친구 간, 사제 간, 연인 간 등에서 만일 서로를 믿지 못하는 경우가 발생한다면, 그 어떤 일도 成就(성취)하지 못할 것이다. 이 글에서 우리는 어머니가 주신 맛있는 귤을 보고도 아버지와의 약속을 지키기 위해 먹지 않는 어린이의 성실한 태도를 볼 수 있다. 속담에 "말 한 마디로 천 냥 빚 갚는다."라 했다. 이는 마음에서 우러난 진실한 말이 참으로 상대를 감동시킬 수 있다는 의미일 것이다. '성실함'이란 마음 속에 감추는 것이 아니라 밖으로 드러내는 것으로, 虛僞(허위)와 誇張(과장) 없는 바르고 正直(정직)한 행동이다.

## 1 한자어 풀이

- 人間(인간) : 사람. 인류. 사람이 사는 곳 = 세상.
- 不信(불신) : 믿지 않음.
- 成就(성취) : 이루고자 했던 일을 이룸.
- 虛僞(허위) : 거짓. 그릇된 지식.
- 誇張(과장) : 실제보다 지나치게 나타냄.
- 正直(정직) : 허식 없이 마음이 바르고 곧음.

| 한자 학습 |
| --- |
| 僞[偽](거짓 위) |
| 誇(자랑할 과) |
| 具(그릇 구) |
| 肖(닮을 초) |
| *衷(속마음 충) |

## 2 한자 및 한자어 탐색

| 한자 | 뜻과 음 | 한자어 연구 |
| --- | --- | --- |
| 人 | 사람 인 | 人格(인격) : 사람의 됨됨이. 인품.<br>人工(인공) : 사람이 가공하거나 작용을 함. |
| 間 | 사이 간 | 間食(간식) : 샛밥. 군음식.<br>間色(간색) : 색을 섞어서 된 사이 색. |
| 正 | 바를 정<br>↔그르칠 오(誤) | 正道(정도) : 올바른 길.<br>衷正(충정) : 치우침이 없이 바름. |
| 禁 | 금할 금 | 禁物(금물) : 하여서는 안 될 일.<br>禁食(금식) : 음식물을 먹지 않는 일. |
| 成 | 이룰 성<br>↔패할 패(敗) | 成功(성공) : 뜻했던 바를 이룸.<br>成德(성덕) : 몸에 덕을 지님. 또는 그 덕. |
| 不 | 아니 불 | 不能(불능) : 어떤 일을 할 수 없는 상태.<br>不肖(불초) : 아버지를 닮지 않았다는 뜻으로, 못난 아들을 이름. |

성실편 11

**부수 공부**

심화학습

人(사람 인)·亻(인변)

'人'자는 서 있는 사람의 옆모습을 본떠서 만들어진 글자로, '사람'을 뜻한다. 윗부분은 공구(工具)를 조작하는 데 필요한 팔을, 아랫부분은 직립(直立)할 수 있는 다리를 나타냈다.

| 한자 학습 | 人(사람 인)   今(이제 금)   仁(어질 인)   傑[=*杰](뛰어날 걸) |
|---|---|
| 성어 학습 | 傑出(걸출) : 매우 뛰어남. |
|  | 傑作(걸작) : 뛰어난 작품. |

### ❸ 생활 한자어 활용

- 人間은 만물의 영장이다.
- 그는 人間性이 좋은 사람이다.
- 버스가 人道로 뛰어든 사고가 발생했다.
- 새 모델 자동차가 요즈음 人氣를 끌고 있다.

### ❹ 주요 성어 탐색

- 殘月曉星(잔월효성) : 새벽 달과 새벽 별.
- 街談巷說(가담항설) : 거리에 떠도는 이야기나 뜬소문.
- 苛斂誅求(가렴주구) : 세금을 가혹하게 거두어 백성을 못살게 굶.

생각 키우기

1. 아버지와의 약속을 잘 지킨 정직한 어린이의 태도에 대해 생각해 봅시다.

2. 약속을 어기고 귤을 먹었다고 가정할 때, 그 어린아이의 심정에 대해 말해 봅시다.

성실편

## 2 벽돌을 집 안팎으로 옮기다

陶侃(도간)[1]은 廣州(광주) 刺史(자사)가 되어 州(주)에 있으면서 일이 없으면, 아침에 벽돌 백 개를 집 밖으로 옮기고, 저녁에 다시 집 안으로 옮겨 왔다. 사람들이 그 理由(이유)를 묻자 말하였다.

"내가 장차 반란을 平定(평정)하기 위해 中原(중원)에 힘을 바치고자 한다. 지나치게 편안하면 후일 큰 중책이 주어지면 이를 감당하지 못할까 염려해서이다."〈소학〉

**해설 및 보충설명**

이 글은 중국 晋(진)나라 때 장수 도간이 임금으로부터 戰功(전공)의 恩澤(은택)을 입어 잠시 광주 자사로 있으며, 休息(휴식)을 취하고 있을 때의 이야기이다. 그는 이 기간 동안에 매일 아침에 벽돌 백 개씩을 집 밖으로 옮기고 저녁때에 다시 이를 집 안으로 옮기며, 자기 자신의 일시적 편안함을 경계하였다. "편안하게 살 때 앞으로 닥쳐올 위태로움을 생각하라〔居安思危〕."라 했듯이, 다가올 미래를 생각하며 자기의 책임과 의무를 다하고자 노력했던 도간의 태도를 볼 수 있다. 우리는 이 글에서 작은 성취에 만족하지 않고, 더 큰 뜻을 이루기 위해 부지런히 노력했던 선인들의 생활 태도를 배울 수 있다.

---

[1] 도간(陶侃)(257~332) : 동진(東晋)의 장수. 자 사행(士行). 도연명(陶淵明)의 증조부. 명제(明帝) 때 정남대장군(征南大將軍)으로 왕돈(王敦)의 반란과 소준(蘇峻)의 변을 평정했다. 벼슬이 시중태위(侍中太尉)에 이르렀다.

## 1 한자어 풀이

- 刺史(자사) : 중국 한(漢)나라 때에 각 주(州)에 둔 감찰관.
- 理由(이유) : 까닭. 사유.
- 平定(평정) : 병란을 평온하게 진정시킴.
- 中原(중원) : 지명. 당시 중원의 땅은 유석(劉石)이 차지하였음. 이때 도간은 후일 중원의 땅을 회복하려 했음.
- 戰功(전공) : 싸움에서의 공로.
- 恩澤(은택) : 은혜와 덕택.
- 休息(휴식) : 하던 일을 멈추고 잠깐 쉼.
- 居安思危(거안사위) : 편안하게 생활할 때 앞으로 닥쳐올 어려움이나 위태로움을 대비하여 미리 준비해야 함.

**한자 학습**
刺(찌를 자)
澤[沢](윤택할 택)
員[負](관원 원)
庸(떳떳할 용)
檢[検](조사할 검)
暫(잠시 잠)
息(쉴 식)
*陶(질그릇, 성씨 도)
*晋(나라 이름 진)

## 2 한자 및 한자어 탐색

| 한자 | 뜻과 음 | | 한자어 연구 |
|---|---|---|---|
| 居 | 살 | 거 | 居處(거처) : 사는 곳.<br>居住(거주) : 일정한 곳에 자리를 잡고 삶. |
| 由 | 말미암을 | 유 | 由來(유래) : 사물의 내력.<br>事由(사유) : 어떤 일이 그렇게 된 까닭. |
| 史 | 역사 | 사 | 史書(사서) : 역사책.<br>史記(사기) : 역사적 사실을 기록한 책. |
| 定[㝎] | 정할 | 정 | 暫定(잠정) : 임시적으로 정하는 일. 일시의 안정.<br>檢定(검정) : 가치·품격·자격 등을 검사·결정함.<br>定員(정원) : 일정한 규정에 의하여 정해진 인원. |
| 中 | 가운데 | 중 | 中秋(중추) : 음력 8월 보름. 한가위.<br>中庸(중용) : 어느 쪽으로도 치우침이 없이 중정(中正)함. |
| 原 | 근원 | 원 | 原價(원가) : 본값. 생산비.<br>原始(원시) : 시작이 되는 맨 처음. |

**부수 공부**

厂(민엄호)

'厂'자는 언덕의 바위가 약간 돌출되고 비탈진 모양에서 만들어진 글자로, '굴바위'를 뜻한다. 그러나 '厂'자는 오늘날 '민엄호'란 부수 명칭으로 더 많이 쓰고 있다. 이는 '广'자에서 위에 점이 없는 밋밋한 엄호라 하여 붙여진 명칭이다.

| 한자 학습 | 原(근원 원)   厚(두터울 후) |
|---|---|
| 성어 학습 | 原理(원리) : 모든 현상이 성립될 수 있는 기본적인 원칙.<br>厚顔(후안) : 낯가죽이 두껍다는 뜻으로, '염치와 체면을 모름'을 이르는 말. 무치(無恥). |

### ③ 생활 한자어 활용

- 학교신문에 실릴 原稿를 모집하고 있다.
- 그의 성공 原動力은 바로 끊임없는 노력이었다.
- 모든 수입품에 대해 原産地 표시를 의무화하고 있다.
- 아인슈타인의 상대성 原理에 대해 아는 대로 말해 봅시다.

### ④ 주요 성어 탐색

- 雨順風調(우순풍조) : 때맞게 비가 오고 바람이 고르게 붊.
- 佳人薄命(가인박명) : 아름다운 여인의 운명은 기박함. 팔자가 사나움.
- 刻骨難忘(각골난망) : 은혜가 뼈에 사무쳐 잊기가 어려움. 白骨難忘(백골난망).

**생각 키우기**

1. 매일 조석(朝夕)으로 벽돌 백 개씩을 옮긴 도간의 행동에서 여러분은 어떤 교훈을 배웠습니까?

2. 휴식(休息)을 중시하는 현대 사회에 도간의 행위는 혹 부정적인 면으로도 인식될 수 있는데, 이에 대한 여러분의 생각은 어떻습니까?

성실편

## 3 익은 밤을 담장 밖으로 던지다

退溪(퇴계) 李滉(이황)²⁾이 漢城(한성)에 잠시 머물고 있을 때, 이웃집에 밤나무가 있었는데, 마침 몇 가지가 담장을 넘어와 익은 밤알이 뜰에 떨어져 있었다. 이를 본 퇴계는 아이들이 그것을 주워 먹을까 念慮(염려)하여 밤알을 담장 밖으로 던졌다.

(사소절)

**해설 및 보충설명**

家庭(가정)은 國家(국가)와 社會(사회)의 기본 단위로, 인간 생활의 첫 出發點(출발점)이 된다. 속담에 "세 살적 버릇 여든 간다."라 했듯이, 어려서 잘못 배운 습관은 평생 고치기 어려움을 경계하였다. 퇴계는 이웃집 밤나무의 밤이 그 정원에 떨어진 것을 보고, 혹 아이들이 주워 먹는 잘못을 저지르지 않을까 염려하여, 밤을 주워서 담장 밖으로 던졌다. 퇴계의 이러한 행위는 누구나 할 수 있는 평범한 일인 듯하지만, 진정으로 어린이를 사랑하는 용기 있는 사람이 아니고서는 생각조차 할 수 없는 일이다. 마음이 있을 때 생각이 열린다 했듯이, 퇴계의 이 같은 행위는 우리에게 인간 사랑의 실천이 무엇인지를 잘 일깨워 준다.

---

2) 이황(李滉) (1501~1570) : 호 퇴계(退溪). 시호 문순(文純). 경상북도 예안(禮安) 출생. 12세 때 숙부에게서 학문을 배우다가 1523년(중종18) 성균관(成均館)에 입학, 1528년 진사가 되고 1534년 식년문과(式年文科)에 을과(乙科)로 급제하였다. 1568년(선조 1) 우찬성을 거쳐 양관대제학(兩館大提學)을 지내고 이듬해 고향에 은퇴, 학문과 교육에 전심하였다.

## 1 한자어 풀이

- 漢城(한성) : '서울'의 옛 이름.
- 念慮(염려) : 마음을 놓지 못함.
- 家庭(가정) : 한 장소에서 함께 살아가는 가족의 모임. 또는, 그 가족이 사는 집.
- 國家(국가) : 나라. 일정한 영토에 거주하는 다수인으로 구성된 정치 단체.
- 社會(사회) : 같은 무리끼리 모여 이루는 집단. 세상.
- 出發點(출발점) : 출발하는 지점. 어떤 일을 시작하는 기점(起點).

> **한자 학습**
> 慮(생각 려)
> 碧(푸를 벽)
> 寶[宝](보배 보)
> 球(공 구)
> *滉(물 깊고 넓을 황)
> *籠[篭](대바구니 롱)
> *甕(독 옹)

## 2 한자 및 한자어 탐색

| 한자 | 뜻과 음 | | 한자어 연구 |
|---|---|---|---|
| 漢 | 나라 | 한 | 漢文(한문) : 한자로 씌어진 글.<br>漢字(한자) : 중국에서 만들어진 문자. |
| 城 | 성 | 성 | 鐵甕城(철옹성) : 썩 튼튼히 둘러 싼 것의 비유.<br>籠城(농성) : 성문을 굳게 닫고 성을 지킴. 어떤 목적을 위하여 줄곧 한 자리에 머물러 떠나지 않고 버티는 일. |
| 念 | 생각 | 념 | 念頭(염두) : 머릿속의 생각.<br>信念(신념) : 어떤 일에 대해 믿어 의심하지 않는 마음. |
| 家 | 집 | 가 | 家計(가계) : 한 집안의 생계.<br>家寶(가보) : 한 집안의 보배. |
| 庭 | 뜰 | 정 | 庭球(정구) : 테니스.<br>庭園(정원) : 집안의 뜰과 꽃밭. |
| 溪 | 시내 | 계 | 碧溪(벽계) : 물빛이 푸른 깊은 시내.<br>溪流(계류) : 산골에서 흐르는 시냇물. |

**심화학습**

**부수 공부**

水(물수) · 氵(삼수변)

'水'자는 '물'을 뜻하는 글자로, 흐르고 있는 물결의 모양에서 자형이 비롯됐다. 물이 구체적인 형태를 지니지 않기 때문에 이 같은 모양으로 표현된 것이다.

| 한자 학습 | 水(물 수)　漢(나라 한)　溪(시내 계) |
|---|---|
| 성어 학습 | 水魚之交(수어지교) : 아주 친하여 떨어질 수 없는 사이. |

### ③ 생활 한자어 활용

- 시원한 溪谷에서 물놀이를 하였다.
- 한반도의 중부를 흐르는 강이 漢江이다.
- 폭우로 물이 불어나자 댐들이 水門을 모두 열었다.
- 어제는 더위를 피해 근처 바닷가에서 海水浴을 즐겼다.

### ④ 주요 성어 탐색

- 艱難辛苦(간난신고) : 어려움을 겪으며 고생함.
- 千篇一律(천편일률) : 사물이 모두 판에 박은 듯 비슷함.
- 角者無齒(각자무치) : 뿔이 있으면 이가 없다는 뜻으로, 한 사람에게 모든 재주나 복을 다 주지 않음.

 **생각 키우기**

1. 담장 밖으로 밤알을 던진 이황은 어떤 생각해서 이러한 행동을 했을까요?

2. 아이들이 밤알을 주어먹었다고 가정(假定)할 때, 미래 그의 행동에 대해 생각해 봅시다.

성실편

# 4 도덕을 준수하는 사람이 되자

　道德(도덕)을 지키며 사는 사람은 일시적으로 寂寞(적막)하지만, 權勢(권세)에 의지하고 阿附(아부)하며 사는 사람은 영구히 凄凉(처량)하다. 道理(도리)에 通達(통달)한 사람은 눈앞의 재물이나 地位(지위)를 보고도 진리를 생각하며, 死後(사후)의 名譽(명예)를 생각한다. 그러므로 일시적으로 적막함을 받을지언정, 영구적으로 처량함을 선택하지 않는다. (채근담)

**해설 및 보충설명**　사람으로 태어나 도덕적 양심을 잃지 않고 평생을 바르게 산다는 것은 쉬운 일이 아니다. 우리는 일생을 살며 때론 고난과 역경을 만난다. 이는 맑은 하늘에 이따금씩 울리는 천둥·벽락과 같은 것이다. 인간 세상은 평온한 듯 보이지만 끝없는 욕망과 타락, 아부와 비굴함 등 양심적 행위를 방해하는 달콤한 유혹들이 많다. 인간의 성공과 실패, 대인과 소인의 구분은 곧 이러한 유혹들을 만날 때마다 어떻게 행동하느냐에 달려 있다. 군자는 일시적 적막함을 받을지언정 영원히 처량함을 선택하지 않으며, 재물의 이익이나 높은 지위를 얻기보다는 진리의 영원함과 死後(사후)의 명예를 생각한다.

## 1 한자어 풀이

- 道德(도덕) : 인륜의 대도. 인간으로서 마땅히 지켜야 할 도리 및 그에 준하는 행위.
- 寂寞(적막) : 쓸쓸하고 고요함.
- 權勢(권세) : 권력과 세력.
- 阿附(아부) : 남의 비위를 맞추고 알랑거림.
- 凄凉(처량) : 초라하고 구슬픔.
- 道理(도리) : 사람이 마땅히 행해야 할 바른 길.
- 通達(통달) : 막힘이 없이 환히 통함. 도(道)에 깊이 통함.
- 地位(지위) : 있는 자리. 신분에 따른 어떠한 자리나 계급.
- 死後(사후) : 죽은 후.
- 名譽(명예) : 세상에서 훌륭하다고 일컬어지는 이름.

> **한자 학습**
> 阿(아첨할 아)
> 寂(고요할 적)
> 劣(못날 렬)
> 帳(휘장, 장부 장)
> *悳(큰 덕) '德'의 고자.
> *坑(구덩이 갱)
> *軌(바퀴 자국 궤)
> *趨(달아날 추)
> *膽[胆](쓸개 담)

## 2 한자 및 한자어 탐색

| 한자 | 뜻과 음 | | 한자어 연구 |
|---|---|---|---|
| 道 | 길 | 도 | 坑道(갱도) : 땅 속으로 판 길.<br>軌道(궤도) : 레일을 깐 기차나 전차의 길. |
| 德<br>[悳,悳] | 덕 | 덕 | 德望(덕망) : 덕으로 얻은 명망.<br>德育(덕육) : 인격을 도야하는 교육. |
| 權<br>[權,权] | 권세 | 권 | 勸告(권고) : 권하여 타이름.<br>勸學(권학) : 학문에 힘쓰도록 권함. |
| 勢 | 기세 | 세 | 劣勢(열세) : 힘이나 세력이 모자람.<br>趨勢(추세) : 향하여 나가는 세력. 또는 그 형편. |
| 通 | 통할 | 통 | 普通(보통) : 특별하지 않고 널리 일반에게 통함.<br>通帳(통장) : 은행 등에서, 예금과 출금의 내용을 적어 주는 작은 장부. |
| 達 | 이를 | 달 | 達成(달성) : 뜻한 바를 이룸.<br>達人(달인) : 학술과 기예에 통달한 사람. |

**부수 공부**

辵(쉬엄쉬엄 갈 착)·辶(책받침)

'辵'자는 '쉬엄쉬엄 가다'의 뜻을 지닌 글자이다. 오늘날 '辵'자는 거의 사용되지 않고, 그 변형자인 '辶'이 부수로 쓰인다. '辶'은 '책받침'이라 하며, 이 명칭은 그 글자의 음 '착'과 연용(連用)해 '착받침'으로 불리던 것이 오늘날 '책받침'으로 잘못 사용되고 있다.

| 한자 학습 | 道(길 도)   通(통할 통)   達(이를 달) |
|---|---|
| 성어 학습 | 四通五達(사통오달) : 이리저리 사방으로 통함. |

### 3 생활 한자어 활용

- 나는 근처 道場에서 매일 운동을 한다.
- 이번 계획은 목표 達成이 무난할 것 같다.
- 사람은 좌측 通行, 차는 우측 通行을 한다.
- 주차금지구역이 표시된 道路에 차를 세워서는 안 된다.

### 4 주요 성어 탐색

- 徹頭徹尾(철두철미) : 처음부터 끝까지 철저하게 함.
- 竿頭之勢(간두지세) : 긴 막대기 끝에 서 있는 듯 위태로운 형세.
- 肝膽相照(간담상조) : 간과 쓸개를 서로 비추어 봄. 서로 속마음을 터놓고 가까이 지냄.

1. 권세를 누리다가 처량한 삶을 살아가는 사람은 그 원인이 어디에 있는지 생각해 봅시다.
2. "사후(死後)의 명예를 생각한다."는 말은 어떤 삶을 살아야 한다는 것인지 말해 봅시다.

## 5 반딧불과 눈빛에 비춰 책을 읽다

晉(진)나라 車胤(차윤)의 字(자)³⁾는 武子(무자)이다. 어려서 공순하고 부지런하며 널리 많은 글을 읽었으나, 집이 가난하여 항상 기름을 얻을 수는 없었다. 여름철에는 비단 주머니에 數十(수십) 마리의 반딧불을 담아서 책을 비춰 읽어, 밤으로써 낮을 이었다. 뒤에 벼슬이 尙書郎(상서랑)에 이르렀다. 요즘 사람들이 '書窓(서창)'을 '螢窓(형창)'이라고 하는 것은, 이것으로 말미암은 것이다.

晉(진)나라 孫康(손강)은 어려서 性品(성품)이 맑고 깨끗하여 사귀어 노닒에 번잡스럽지 않았다. 그러나 집이 가난하여 기름이 없어 일찍이 눈빛에 비추어 책을 읽더니, 뒤에 벼슬이 御史大夫(어사대부)에까지 이르렀다. 요즘 사람들이 '書案(서안)'을 '雪案(설안)'이라 하는 것은, 이것으로 말미암은 것이다. 〈진서〉

> **해설 및 보충설명**
> 이 글은 가난을 극복하고 立身出世(입신출세)한 차윤과 손강에 대한 고사 螢雪之功(형설지공)을 다룬 이야기다. 우리는 삶의 과정에서 이들처럼 온갖 어려움을 만날 수 있다. '젊어서 고생은 사서도 한다.'라 했듯이, 성장 과정에서 우리가 경험한 難關(난관)은 모두 자신의 피요, 살이며, 영양소로 인간됨을 成熟(성숙)시키는 자양분이 된다. 혹 우리는 어떤 한 어려움에 봉착하여 최선의 노력을 다 해보지도 않고, 주변 환경 등을 탓하며 事前(사전)에 하려던 일을 포기한 적은 없는지 자문해 볼 필요가 있다. 이 글의 차윤과 손강처럼 늘 최선을 다하고 精誠(정성)을 기울이는 삶의 태도를 간직한다면, 우리는 그 어떤 난관을 만날지라도 이루지 못할 일이 없을 것이다.

---

3) 자(字) : 사람의 부르는 칭호에는 명(名)·자(字)·호(號)·시호(諡號)가 있다. '명'은 '이름'으로, 사람이 세상에 태어나서 부모로부터 받은 고유한 이름이다. '자'는 '별명'으로, 부모로부터 받은 이름을 소중히 여겨 본이름 외에 부르기 위하여 짓는 이름이다. 주로 관례(冠禮) 때 지은 이름이다. '호'는 본이름이나 자 외에 허물없이 부르기 위해 지은 이름이다. '시호'는 임금·정승, 기타 공신(功臣), 유현(儒賢)들의 공덕(功德)을 기리어 죽은 뒤에 임금이 주는 이름이다.

## 1 한자어 풀이

- **數十**(수십) : 열의 두서너 갑절. 이삼십.
- **書窓**(서창) : 서재의 창.
- **性品**(성품) : 성질과 됨됨이. 성질과 품격.
- **御使大夫**(어사대부) : 옛적 왕명으로 특별한 사명을 띠고 지방에 파견되는 임시 관리의 으뜸 벼슬.
- **書案**(서안) : 책을 얹어 두는 책상.
- **立身出世**(입신출세) : 사회적으로 높은 지위에 올라 유명해짐.
- **螢雪之功**(형설지공) : 고생을 하면서 공부하여 얻은 보람.

> **한자 학습**
> 康(편안 강)
> 螢[蛍](개똥벌레 형)
> 件(사건 건)
> 飜(번역할 번)
> 階(섬돌 계)
> *枚(낱 매)

## 2 한자 및 한자어 탐색

| 한자 | 뜻과 음 | | 한자어 연구 |
|---|---|---|---|
| 數[数] | 셈 | 수 | 枚數(매수) : 몇 장이라 세는 물건의 수효.<br>數式(수식) : 숫자나 문자의 계산 기호로 쓴 식. |
| 十 | 열 | 십 | 十年(십년) : 일 년의 10배.<br>十進法(십진법) : 열을 단위로 수를 나타내는 법. |
| 雪 | 눈 | 설 | 白雪(백설) : 흰 눈.<br>降雪量(강설량) : 어느 곳에 일정 기간 동안 내린 눈의 량. |
| 窓 | 창문 | 창 | 窓門(창문) : 벽이나 지붕에 낸 문.<br>窓口(창구) : 조그맣게 벽을 뚫은 창문. |
| 案 | 책상 | 안 | 飜案(번안) : 원안을 고침.<br>案件(안건) : 토의하거나 연구할 거리. |
| 品 | 물건 | 품 | 品行(품행) : 사람의 성품과 행동.<br>品階(품계) : 옛 관리의 직품과 관계(官階). |

**심화학습**

**부수 공부**

十(열 십)

'十' 자는 숫자 '열'을 뜻하는 글자이다. '十' 자는 충족된 수 '열'을 뜻하기 때문에 완전하거나 부족함이 없는 의미를 지니며, '많다' 또는 '전부'의 뜻으로도 해석된다.

| 한자 학습 | 十(열 십)   千(일천 천)   半(반 반) |
|---|---|
| 성어 학습 | 十中八九(십중팔구) : 열 가운데 여덟이나 아홉이 됨.<br>千里眼(천리안) : 천리 밖을 볼 수 있는 눈이란 뜻으로, 사물을 꿰뚫어 볼 수 있는 뛰어난 능력을 일컫는 말. |

### ③ 생활 한자어 활용

- 비 갠 하늘에 무지개가 半圓을 그리며 떠 있다.
- 세종대왕의 업적은 千秋萬代에까지 빛날 것이다.
- 나는 이번 시합에 평소 쌓은 실력을 十分 발휘하겠다.
- 추운 날씨에 이렇게 옷을 얇게 입으면 감기에 걸리기 十常이다.

### ④ 주요 성어 탐색

- 感慨無量(감개무량) : 사물에 대한 회포의 느낌이 한이 없음.
- 干城之材(간성지재) : 방패와 성의 구실을 하는 인재. 나라를 지키는 믿음직한 인재.
- 草綠同色(초록동색) : 풀빛과 녹색은 같은 색이라는 뜻으로, 같은 처지나 부류의 사람들끼리 함께 함.

**생각 키우기**

1. 만일 현대 사회에 차윤처럼 반딧불 밑에서 공부하기 위해 반딧불만 잡으러 다닌다면 어떤 결과가 발생할까요?

2. 시간이나 돈 또는 주변 환경 등을 탓한 적이 있습니까? 만일 여러분이 주변 탓만 하고 열심히 노력하지 않는다면, 어떤 결과가 올지 생각해 봅시다.

## 6 화살이 바위를 뚫다

　前漢(전한)의 李廣(이광)이 사냥을 나갔다가 풀 속의 돌을 보고, 호랑이라고 여기고 그것을 쏘니 화살이 바위를 뚫었다. 다른 날 바위를 보고 활을 쏘았으나 끝내 화살이 바위를 뚫지는 못했다. (몽구)

**해설 및 보충설명**

　精神一到何事不成(정신일도하사불성)이라 했다. 즉 정신을 집중하여 한 일에 몰두하면 그 어떤 일도 이루지 못할 것이 없음을 말해 준다. 李廣(이광)이 사냥에서 돌을 호랑이로 錯覺(착각)하여 화살을 당겼을 때는 만약 失手(실수)라도 한다면, 호랑이에게 잡혀 먹힐 수도 있음을 感知(감지)했을 것이다. 그러나 다른 날 바위임을 알고 화살을 쏘았을 때는 前(전)과 동일한 生命(생명)의 위협은 느끼지 못했을 것이다. 그가 있는 힘을 다해 화살을 계속 당길지라도 끝내 바위를 뚫지 못함은 당연한 일이다.

### 1 한자어 풀이

> 한자 학습
> 錯(섞일 착)
> 慨(분개할 개)
> 痛(아플 통)

- 前漢(전한) : 유방(劉邦)이 세운 한(漢) 나라를 후한(後漢)과 구별하여 부르는 이름.
- 精神(정신) : 마음이나 생각. 의식.
- 一到(일도) : 한 번 다다름.
- 錯覺(착각) : 잘못 깨닫거나 생각함.
- 失手(실수) : 잘못해 그르침.
- 感知(감지) : 직감적(直感的)으로 느끼어 앎.
- 生命(생명) : 목숨. 사물을 유지하는 기한.

### 2 한자 및 한자어 탐색

| 한자 | 뜻과 음 | | 한자어 연구 |
|---|---|---|---|
| 廣 [広] | 넓을 | 광 | 廣大(광대) : 넓고 큼. <br> 廣告(광고) : 세상에 널리 알림. |
| 神 | 정신 | 신 | 神奇(신기) : 신묘하고 기이함. <br> 神仙(신선) : 선도를 닦아 신통력을 얻은 사람. |
| 一 | 한 | 일 | 一念(일념) : 한결같은 마음. <br> 一貫(일관) : 처음부터 끝까지 같은 주의, 방법으로 계속함. |
| 壹 [壱] | 한 | 일 | 壹是(일시) : 한결같이. <br> 壹萬(일만) : 천의 열배. |
| 直 | 곧을 | 직 | 直線(직선) : 굽지 않은 곧은 선. <br> 直角(직각) : 수직을 이루는 각의 크기. |
| 感 | 느낄 | 감 | 痛感(통감) : 절실히 마음에 느낌. <br> 感慨(감개) : 마음속 깊이 스미어 느낌. |

**심화학습**

**부수 공부**

一 (한 일)

'一'은 물건 '하나'를 뜻했으나, 후일에는 비교적 추상적 의미를 동반한 다양한 뜻을 나타내는 부호(符號)로 사용되었다.

| 한자 학습 | 一(한 일)   二(두 이)   三(석 삼) |
|---|---|
| 성어 학습 | 一石二鳥(일석이조) : 돌 하나로 두 마리의 새를 잡음. 한 가지 일을 하여 두 가지 이익을 거둠. |

### ③ 생활 한자어 활용

- 그는 성공하겠다는 一念으로 밤낮없이 노력했다.
- 가뭄으로 인해 一部 지역은 수돗물이 나오지 않았다.
- 어머니께서 주신 빵을 二等分하여 동생과 나누어 먹었다.
- 학생들이 친구들과 三三五五 짝을 지어 다정하게 등교하고 있다.

### ④ 주요 성어 탐색

- 甘呑苦吐(감탄고토) : 달면 삼키고 쓰면 뱉음.
- 改過遷善(개과천선) : 허물을 고쳐 선(善)으로 옮겨감.
- 寸鐵殺人(촌철살인) : 한 치의 쇠로 사람을 죽인다는 뜻으로, 간단한 말이나 문장으로 사물의 가장 요긴한 데를 찔러 듣는 사람으로 하여금 감동하게 함.

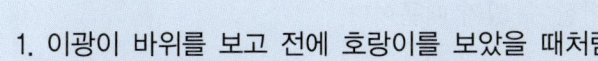

1. 이광이 바위를 보고 전에 호랑이를 보았을 때처럼 있는 힘을 다해 화살을 쏘았으나 끝내 바위를 뚫지 못했는데, 그 원인은 무엇이라고 생각합니까?

2. 이광을 통해 볼 때, 일의 성패에 대한 결정은 주로 어떤 것에 의해 좌우된다고 생각합니까?

## 7 애석하게도 벼슬을 줄 수 없다

조선 선조 때 李後白(이후백)⁴⁾은 이조판서였다. 그는 公明正大(공명정대)한 處事(처사)를 하여, 조금도 남의 請託(청탁)을 받지 않았다. 비록 親舊(친구)라도 자주 찾아오면 몹시 옳지 않는 行動(행동)으로 생각하였다. 하루는 친척 한 사람이 찾아와서, 벼슬을 구하는 뜻을 보이자 후백은 낯빛을 바꾸고 한 책자를 꺼내어 보이면서 말하였다.

"나는 그대의 이름을 기록해 두고 장차 벼슬을 주려고 생각하고 있었네, 지금 그대가 벼슬을 청하다니, 구해서 얻은 것은 바른 도리가 아니다. 애석하네, 그대가 만약 말하지 않았다면 벼슬을 얻을 수 있었을 것이다." (율곡집)

**해설 및 보충설명**

이 글은 이조판서 이후백의 公平無私(공평무사)한 인사관리의 모습을 보여 준 것이다. 그가 인사 문제에 이같이 철저했던 것은 국가의 관리는 사적인 관계로 임명할 수 없으며, 또 백성을 사랑하고 남을 위해 봉사할 줄 아는 天性(천성)과 지도자적 자질을 소유한 자가 아니면 안되기 때문이다. 옛말에, "소인이 국가에 공이 있으면 그에게 돈은 주어도 벼슬을 주어서는 안 된다." 했다. 이는 소인이 벼슬을 하게 되면, 국가 권력의 힘을 憑藉(빙자)하여 많은 사람에게 큰 피해를 줄 수 있어서이다. 또 소인과의 사귐도 경계하였는데, 이는 그와 사귀면 소인의 바르지 못한 행실이 자기도 모르는 사이에 같은 무리로 물들어질 수 있기 때문이다.

---

4) 이후백(李後白) (1520~1578) : 본관 연안(延安). 호 청련(靑蓮). 시호 문청(文淸). 16세 때 향시(鄕試)에 장원, 1546년(명종 1) 사마시(司馬試)를 거쳐 1555년 식년문과에 급제, 1558년 승문원박사(承文院博士)가 되었다. 청백리에 녹선, 종계변무(宗系辨誣)의 공으로 1590년 광국공신(光國功臣) 2등, 연양군(延陽君)에 추봉(追封). 저서에 《청련집(靑蓮集)》이 있다.

## 1 한자어 풀이

- 公明正大(공명정대) : 공명하고 조금도 사심이 없음.
- 處事(처사) : 일을 처리함.
- 請託(청탁) : 무엇을 해 주기를 청하여 부탁함.
- 親舊(친구) : 오래 두고 가깝게 사귄 벗.
- 行動(행동) : 몸을 움직여 동작함. 또는 그 동작.
- 公平無私(공평무사) : 공평하고 사사로움이 없음.
- 憑藉(빙자) : 남의 힘을 빌려서 의지함. 말막음으로 내세워 핑계함.

**한자 학습**

系(계통 계)
蓮(연꽃 련)
辨(분별할 변)
司(맡을 사)
睦(화목할 목)
聰(총명, 밝을 총)
托(맡길 탁)
腦[脳](뇌 뇌)
透(통할 투)
*託(부탁할 탁)
*措(둘 조)

## 2 한자 및 한자어 탐색

| 한자 | 뜻과 음 | 한자어 연구 |
|---|---|---|
| 公 | 공변될 공<br>↔사사로울 사(私) | 公益(공익) : 사회 전체의 이익.<br>公共(공공) : 어떤 일이 사회의 모든 사람들에게 관계되는 것. |
| 明 | 밝을 명<br>↔어두울 암(暗) | 聰明(총명) : 슬기롭고 도리에 밝음.<br>透明(투명) : 유리처럼 비치어 보임. |
| 大 | 큰 대<br>↔작을 소(小) | 大氣(대기) : 지구를 둘러싸고 있는 기체.<br>大腦(대뇌) : 뇌의 대부분을 차지하며 정신 작용을 맡는 중요 기관임. |
| 處[処] | 곳 처 | 托處(탁처) : 몸을 의탁함. 탁처(託處).<br>措處(조처) : 어떤 문제를 해결하기 위해 필요한 일을 함. |
| 事 | 일 사 | 事大(사대) : 소국이 대국을 섬김.<br>役事(역사) : 토목이나 건축 등의 공사. |
| 親 | 친할 친<br>↔성길 소(疎) | 親睦(친목) : 서로 친하여 뜻이 맞고 정다움.<br>親近(친근) : 사귀는 정도가 친하고 가까움. |

성실편 29

**심화학습**

**부수 공부**

大(큰 대)

'大' 자는 '크다'의 뜻을 지닌 글자로, 사람이 정면으로 서서 두 팔과 다리를 크게 벌리고 있는 모양에서 만들어졌다. 큰 어른 모양을 입체적으로 나타낸 것이다.

| 한자 학습 | 大(큰 대)　　夫(사내 부)　　央(가운데 앙) |
|---|---|
| 성어 학습 | 水淸無大魚(수청무대어) : 물이 너무 맑으면 큰 물고기가 없고, 사람이 너무 맑으면 따르는 사람이 없음. |

### ❸ 생활 한자어 활용

- 결승전에서 큰 점수 차로 大敗하였다.
- 단상의 中央에는 태극기가 걸려 있었다.
- 오늘은 8.15경축 마라톤 大會가 있는 날이다.
- 大丈夫가 그만한 일에 눈물을 흘려서 되겠나.

### ❹ 주요 성어 탐색

- 去頭截尾(거두절미) : 머리와 꼬리를 자름. 앞뒤의 잔사설은 빼고 요점만 말함.
- 出將入相(출장입상) : 전쟁터에 나가면 장수, 조정에 들어오면 재상. 유능하여 문무(文武)를 갖춤.
- 去者日疎(거자일소) : 죽은 사람을 애석하게 여기는 마음은 날이 갈수록 점점 사라진다는 뜻으로, 서로 멀리 떨어져 있으면 점점 사이가 멀어짐.

**생각 키우기**

1. 선인들 중 공명정대한 인물을 찾아보고, 그의 본받을 점에 대해 이야기해 봅시다.
2. 이조판서 이후백은 인사관리 문제에 있어서 왜 이처럼 철저히 했을까요?

## 8 이조판서이기 때문에 만나지 않겠다

忠武公(충무공) 李舜臣(이순신)은 이미 벼슬은 하였어도 昇進(승진)하려는 뜻을 가지지 않아 높은 관직에 있는 사람들을 찾아보는 일이 없었다. 당시 李珥(이이)가 이조판서였는데, 공의 사람됨이 뛰어나다는 말을 듣고, 또 같은 宗氏(종씨)였으므로 남에게 부탁하여 만나보기를 희망했다. 그러나 공은 말했다.

"같은 종씨라면 만나볼 수 있겠지만, 그가 인사를 맡아보는 이조판서의 자리에 있으니, 만나볼 수 없다."(해동속소학)

**해설 및 보충설명**

이 글에서 우리는 권력자들에게 자기 出世(출세)를 위해 청탁하지 않은 이순신의 성실한 태도를 볼 수 있다. 이순신은 丁酉再亂(정유재란) 때 적선 500여 척이 노량에 집결하자 명나라 제독 陳璘(진린)의 수군과 연합작전을 펴 混戰(혼전) 중 적의 流彈(유탄)에 맞아 전사하였다. 그는 殉國(순국)할 때까지 오직 국가와 민족을 위해 그의 몸을 바쳤다.

이순신이 운명하였다는 소식이 전해지자, 가장 먼저 그 죽음을 哀悼(애도)한 사람은 중국의 장수 陳璘(진린)이었다 한다. 진린이 이순신을 흠모하게 된 한 이야기가 있다. 일찍이 진린이 대국의 명예를 걸고 전쟁에 임했을 때의 일이다. 진린은 항상 전투에 패하여 자존심에 큰 상처를 입어, 이로 인해 이순신을 시기·질투하고 비방하는 일이 날이 갈수록 잦았으나, 이순신은 그 때마다 전쟁의 공을 진린에게 돌렸던 것이다. 진린이 뛰어난 명장 이순신을 평소 존경한 점도 있었지만, 그가 덕장으로써의 이순신의 사람됨에 더욱 감동했기 때문이다.

## ❶ 한자어 풀이

> **한자 학습**
> 昇(오를 승)
> 殉(바칠 순)
> 陳(진칠, 성 진)
> *悼(슬퍼할 도)

- 昇進(승진) : 직위가 차례로 오름.
- 宗氏(종씨) : 같은 성으로서 촌수가 멀어 따질 수 없는 상대를 서로 부르는 말.
- 出世(출세) : 입신(立身)하여 훌륭하게 됨.
- 混戰(혼전) : 서로 뒤섞여 싸움.
- 流彈(유탄) : 바로 맞지 않고 빗나간 탄환.
- 殉國(순국) : 나라를 위해 목숨을 바침.
- 哀悼(애도) : 사람의 죽음을 슬퍼함.

## ❷ 한자 및 한자어 탐색

| 한자 | 뜻과 음 | 한자어 연구 |
|---|---|---|
| 混 | 섞일 혼 | 混線(혼선) : 전화선 등이 서로 닿음.<br>混同(혼동) : 구별하지 못하고 뒤섞임. |
| 宗 | 마루 종 | 宗社(종사) : 종묘와 사직.<br>宗家(종가) : 큰집. 맏이로 대를 이은 집. |
| 氏 | 성 씨 | 氏名(씨명) : 성씨와 이름.<br>氏族(씨족) : 같은 조상으로부터 핏줄을 이어온 겨레붙이. |
| 丁 | 넷째천간 정 | 壯丁(장정) : 기운이 좋은 젊은 남자.<br>丁丁(정정) : 나무를 벌목하는 소리. |
| 酉 | 열째지지 유 | 酉聖(유성) : 술의 별칭.<br>酉時(유시) : 하오 5시부터 7시 사이. |
| 哀 | 슬플 애<br>↔기쁠 환(歡) | 哀惜(애석) : 슬프고 아깝게 여김.<br>哀愁(애수) : 가슴에 스며드는 슬픈 근심. |

 **부수 공부**

 宀(집면)

'宀'자는 '집'을 뜻하는 글자이다. 이 글자는 '면'이란 음을 지니고 있으나 오늘날 단독체로 쓰이지 않고 '갓머리'로 불린다. 이는 그 자형이 '갓'과 같이 생겼고, 또 다른 글자와 합쳐질 때 항상 머리 부분에 쓰이기 때문이다.

| 한자 학습 | 宗(마루 종) 家(집 가) 室(집 실) |
|---|---|
| 성어 학습 | 自手成家(자수성가) : 물려받은 재산이 없이 스스로의 힘으로 재산을 모아 일가를 이룸. |

### ③ 생활 한자어 활용

- 우리 집 家訓은 '성실'과 '근면'이다.
- 이번 명절에는 온 家族이 한 자리에 모였다.
- 학생들의 수업은 대부분 敎室에서 이루어진다.
- 사람들은 마음의 안정과 행복을 위해 宗敎를 믿는다.

### ④ 주요 성어 탐색

- 乾坤一擲(건곤일척) : 운명을 걸고 승부를 겨룸. 흥하든 망하든 운명을 하늘에 맡기고 결행함의 비유.
- 格物致知(격물치지) : 사물의 이치를 연구하여 후천적 지식을 명확히 함.(朱熹주희) 낱낱의 사물에 존재하는 마음을 바로잡고 선천적 양지(良知)를 갈고 닦음.(王陽明왕양명).

**생각 키우기**

1. 이순신의 사람됨에 대해 나름대로 평가해 봅시다.
2. 이순신의 충정은 그의 평소 어떤 삶에서 비롯되었다고 생각됩니까?

성실편

## 9 우리 가문의 보배는 청백이다

　　조선 세조 때 박원형[5]은 淸貧(청빈)을 信條(신조)로 하여 平生(평생)을 살았다. 그가 贊成(찬성)이 되었을 때, 아들 朴安性(박안성)이 아버지의 생신을 祝賀(축하)하기 위해 상을 차리고 獻壽(헌수)하였다. 이때 그는 아들에게 시 한 수를 부르며 받아 적게 하였다.

　　오늘밤 등불 앞에 술 한 잔을 들고(今夜燈前酒一巡)
　　네 나이 헤아리니 서른여섯 청춘이구나!(汝年三十六靑春)
　　우리 가문의 보물은 오직 청백뿐이니(吾家寶物唯淸白)
　　이를 잘 지켜 오래 전하도록 하라.(好把相傳無限人)

(해동속소학)

**해설 및 보충설명**　박원형은 청빈을 평소 생활신조로 삼았다. 청빈은 세속에 때 묻지 않는 순수함이다. 백성을 다스리는 관리자가 되어 富(부)를 축적하였다면, 이는 국가의 公金(공금)을 제대로 사용하지 않았거나, 또는 잔꾀를 부려 자기의 이익을 위해 욕심을 부린 증거일 것이다. 박원형이 찬성이 되었을 때, 생신날 아들에게 받아 적게 한 詩(시)는 사치와 호화스런 生活(생활)보다는 청렴결백한 삶이 그 무엇보다 중요함을 자손에게 심어 준 것이다. 그가 국가의 고위 관료로서 자손에게 청빈을 강조한 점은 공직자로서 지켜야 할 바른 도리가 무엇인지를 말해 준다. 성실한 삶의 자세가 그 무엇보다 중요함을 일깨워 준 글이다.

---

[5] 박원형(朴元亨) (1411~1469) : 조선 전기의 문신. 본관 죽산(竹山). 자 지구(之衢). 호 만절당(晩節堂). 시호 문헌(文憲)이다. 1432년(세종 14) 사마시를 거쳐 1434년 알성문과에 급제하고 여러 벼슬을 거쳐, 1455년 세조가 즉위하자 도승지로 좌익공신 3등에 책록되고 1459년(세조 5) 사은사(謝恩使)로 명나라에 다녀왔다. 1468년 예종이 즉위하자 익대공신(翊戴功臣) 2등에 책록되었으며, 연성부원군(延城府院君)에 봉해지고, 이어 영의정에 올랐음. 예종의 묘정(廟庭)에 배향되었다.

## 1 한자어 풀이

- 清貧(청빈) : 청백하여 가난함.
- 信條(신조) : 꼭 믿고 있는 일.
- 平生(평생) : 일생. 어떤 사람이 살아 있는 날까지의 동안.
- 祝賀(축하) : 축수하고 치하함. 성사를 빌고 하례함.
- 獻壽(헌수) : 장수(長壽)를 비는 뜻에서 술잔을 올림.
- 公金(공금) : 국가나 공공단체 소유의 돈.
- 生活(생활) : 살아서 활동함. 사람이 일정한 환경 안에서 활동하며 살아가는 일.

**한자 학습**

府(마을, 관청 부)
巡(돌 순)
獻[献](드릴 헌)
軒(추녀 헌)
*把(잡을 파)

## 2 한자 및 한자어 탐색

| 한자 | 뜻과 음 | | 한자어 연구 |
|---|---|---|---|
| 六 | 여섯 | 륙 | 六味(육미) : 여섯 가지 맛. 온갖 맛.<br>六月(유월←육월) : 일년 중 여섯째 달. |
| 燈<br>[灯] | 등불 | 등 | 軒燈(헌등) : 처마 끝에 다는 등.<br>電燈(전등) : 전기로 불을 밝히는 등. |
| 汝 | 너 | 여 | 汝等(여등) : 너희들.<br>汝輩(여배) : 너희들. |
| 祝 | 빌 | 축 | 祝願(축원) : 소원의 성취를 비는 것.<br>祝文(축문) : 제사에 신명에게 고하는 글. |
| 賀 | 하례할 | 하 | 賀客(하객) : 축하하러 온 손님.<br>慶賀(경하) : 남의 경사스러운 일에 대해 축하함. |
| 吾 | 나 | 오 | 吾等(오등) : 우리들.<br>吾兄(오형) : 벗을 친밀하게 부르는 말. |

성실편

**심화학습**

**부수 공부**

火(불 화)·灬(연화발)

  '불'을 뜻하는 '火' 자는 나무의 불길이 타오르는 모습에서 비롯되었다. '火' 자가 편방으로 쓰일 때는 그 자형이 변하여 네 개의 점인 '灬'로 사용되는데, 이를 '연화발'이라 한다.

| 한자 학습 | 火(불 화)　燈(등불 등)　熱(더울 열)　*炅(빛날 경)<br>*焘[燾](비출 도)　*燉(불빛 돈)　*煜(빛날 욱) |
|---|---|
| 성어 학습 | 燈下不明(등하불명) : 등잔 밑이 어둡다는 뜻.<br>趙炅(조경) : 중국 송나라의 제2대 황제 이름.<br>焘育(도육) : 덮어 보호하여 기름.<br>燉煌(돈황) : 중국 감숙성(甘肅省) 서북에 있는 현으로 불교가 서북쪽에서 처음으로 들어온 곳.<br>煜煜(욱욱) : 아침 해·꽃 등이 빛나는 모양. 별 등이 반짝거림. |

## 3 생활 한자어 활용

- 태양에서 네 번째 궤도를 도는 행성이 火星이다.
- 화재 현장은 熱氣 때문에 가까이 접근할 수 없었다.
- 교통사고 다발 지역에 街路燈을 새로 설치하였다.
- 울릉도나 하와이 섬은 火山이 폭발하여 이루어진 섬이다.

 생각 키우기

1. 부정부패로 사회질서가 문란해지고 있는 현대사회에 박원형의 청렴결백한 삶의 지표는 어떤 교육적 의의를 주는지 생각해 봅시다.

2. 선인들 중 청렴결백한 인물을 찾아보고, 그 삶에 대해 이야기해 봅시다.

## 10 천하에 둘도 없는 명옥이다

전국시대에 楚(초)나라 卞和氏(변화씨)는 산에서 좋은 玉(옥)을 발견하자 이를 厲王(여왕)에게 바쳤다. 왕은 寶石(보석) 鑑定人(감정인)에게 그것을 보여 주니, 그가 돌이라 하였다. 화가 난 왕은 그를 刖刑(월형)에 처했다. 여왕이 죽은 뒤 武王(무왕)이 즉위하자, 또 이를 바쳤으나 결과는 마찬가지여서 역시 월형을 당했다. 무왕이 죽고 文王(문왕)이 즉위하자 변화씨는 그 옥돌을 끌어안고 궁궐 문 앞에서 사흘 낮 밤을 울었다. 문왕이 그 까닭을 묻고 옥돌을 세공인에게 맡겨본 결과 천하에 둘도 없는 名玉(명옥)이었다. 문왕은 곧 변화씨에게 많은 상을 내리고, 이 명옥을 '和氏之璧(화씨지벽)' 이라 이름하였다. (한비자)

### 해설 및 보충설명

이 글은 변화씨의 진실이 결국 인정을 받아 천하의 名玉(명옥)인 '和氏之璧 화씨지벽)'을 탄생시킨 일화이다. 당시 조나라 혜문왕은 보물인 이 화씨지벽을 가지고 있었다. 이 사실을 안 秦(진)나라 昭襄王(소양왕)은 그 구슬이 탐이 나서 조나라에 사신을 보내 진나라의 15성과 바꾸자고 제의하였다. 이 문제로 兩國間(양국간)에 한때 긴장이 고조되기도 하였다. 이 때 조나라의 명상 藺相如(인상여)가 왕에게 나아가 아뢰었다. "신이 구슬을 가지고 진나라에 가서, 진나라가 성을 조나라에게 주면 구슬을 넘겨주고, 만일 그렇지 않으면 신이 다시 구슬을 完全(완전)하게 가지고 돌아오겠습니다." 그가 구슬을 가지고 진나라에 갔으나, 진나라 왕은 약속한 성에 대해서는 한마디 말도 없었다. 이에 인상여는 가지고 간 구슬을 부하에게 주어 다시 조나라로 돌려보내는 데 성공한다. 여기에서 고사 完璧(완벽)이라는 말이 나왔다.

## 1 한자어 풀이

- 寶石(보석) : 단단하고 빛깔·광택이 아름답고 굴절률이 크며 산출량이 적은 돌.
- 鑑定人(감정인) : 사물의 진부와 좋고 나쁨을 감별하여 결정하는 사람.
- 刖刑(월형) : 발꿈치를 자르는 형벌.
- 名玉(명옥) : 이름난 옥.
- 和氏之璧(화씨지벽) : 천하의 이름난 명옥(名玉)을 말함.
- 完全(완전) : 부족함이 없음. 결점이 없음.
- 完璧(완벽) : 흠이 없는 구슬. 결점이 없이 훌륭함.

**한자 학습**

鑑[鑒](거울 감)
昭(밝을 소)
碑(비석 비)
塔(탑 탑)
蹴(찰 축)
*卞(성씨 변)
*襄(도울 양)
*秦(나라 이름 진)

## 2 한자 및 한자어 탐색

| 한자 | 뜻과 음 | 한자어 연구 |
|---|---|---|
| 石 | 돌 석 | 石塔(석탑) : 돌로 만든 탑.<br>碑石(비석) : 사적을 기념하여 글을 새겨 세운 돌. |
| 名 | 이름 명 | 名曲(명곡) : 유명한 노래나 악곡.<br>名目(명목) : 사물을 지정해 부르는 이름. |
| 玉 | 구슬 옥<br>↔돌 석(石) | 玉琯(옥관) : 옥피리.<br>玉手(옥수) : 아름다운 여자의 손.<br>玉稿(옥고) : 남의 원고를 높여 부르는 말. |
| 和 | 화목할 화 | 和氣(화기) : 화목한 분위기.<br>和樂(화락) : 함께 모여 화목하게 즐김. |
| 之 | 어조사 지 | 左之右之(좌지우지) : 제 마음대로 다룸.<br>不識之無(불식지무) : '갈 지'자(字)와 '없을 무'자 같은 쉬운 글자도 모른다는 뜻으로, 무식한 사람을 업신여겨 이르는 말. |
| 完 | 완전할 완 | 完結(완결) : 완전히 끝을 맺음.<br>完快(완쾌) : 병이 완전히 나음. |

이야기 한문 공부(Ⅰ)

**심화학습**

**부수 공부**

玉(구슬 옥)　丙丮玉

'玉'은 구슬을 뜻하며, '球' 자의 경우처럼 왼쪽 편방에 쓰일 때에는 점이 없는 형태로 쓰여 자칫 '임금왕변'이라 부를 수 있으나, '구슬옥변'이라 해야 한다.

| 한자 학습 | 玉(구슬 옥)　球(공 구)　*珠(구슬 주)　*珏(쌍옥 각)　*玲(옥소리 령)<br>*琯(옥 관) |
|---|---|
| 성어 학습 | 蹴球(축구) : 11명이 한 팀이 되어 공을 차서 상대방의 골 안으로 들어가게 하여 그 점수로 승부를 가리는 경기.<br>玲瓏(영롱) : 빛이 맑고 산뜻함. 옥의 맑은 소리. |

## ③ 생활 한자어 활용

- 올 폭염에 玉體 만강하시길 빕니다.
- 인터넷은 地球村을 하나로 연결해 준다.
- 그 작곡가는 珠玉같은 가곡을 많이 남겼다.
- 그는 球質이 까다로운 투수로 잘 알려져 있다.

## ④ 주요 성어 탐색

- 紅爐點雪(홍로점설) : 뜨거운 화로에 눈을 뿌림. 큰 힘 앞에 맥을 못 추는 작은 힘. 풀리지 않던 이치가 눈 녹듯이 문득 깨쳐짐.
- 牽强附會(견강부회) : 가당치도 않은 말을 억지로 끌어 붙여 조리에 맞추려 함.
- 七縱七擒(칠종칠금) : 일곱 번 놓아주고 일곱 번 사로잡음. 마음대로 적을 요리함.

**생각 키우기**

1. 변화씨가 월형을 당하면서까지 옥돌을 왕에게 바친 까닭은 무엇이라고 생각하십니까?
2. 천하의 명옥(名玉)으로 인정받았을 때, 변화씨의 심정에 대해 이야기해 봅시다.

성실편 **39**

## 11 바깥사랑채를 헐다

政丞(정승) 孟思誠(맹사성)<sup>6)</sup>은 몹시 가난하여 집이 낮고 볼품없이 陋醜(누추)했다. 당시 兵曹判書(병조판서)가 일 처리를 묻기 위해 그 집에 갔을 때 마침 비가 왔는데, 군데군데 비가 세어 衣冠(의관)이 모두 젖었다. 병조판서는 집으로 돌아와 歎息(탄식)하기를, "相公(상공)의 집이 이와 같은데, 내 어찌 바깥사랑채를 갖고 있겠는가?"라 하고, 드디어 사랑채를 헐어 버렸다. (해동속소학)

**해설 및 보충설명**

맹사성은 黃喜(황희)와 함께 청렴·검소한 생활로 당시 수령들의 야유를 받기도 했던 인물 중의 하나이다. 世間(세간)에 청렴한 사람은 남들로부터 미련하고 융통성이 없으며, 어리석은 사람이라 손가락질을 받기도 한다. 그러나 군자는 이러한 비난을 받으면서도 자기의 지조를 변치 않으며, 또 그 청빈함을 당연시 여길 뿐 타인과 언쟁하려 들지 않는다. 이 글의 맹사성 역시 정승으로서 검소하고 성실한 생활을 몸소 實踐(실천)한 眞正(진정)한 선비였으며, 그의 청렴함에 감동받아 자기 집 사랑채를 허문 병조판서의 勇氣(용기)는 옛 선인들의 의로운 삶이 무엇인지 잘 알 수 있게 한다.

---

6) 맹사성(孟思誠) (1360~1438) : 고려 말 조선 초의 재상. 본관 신창(新昌). 자 자명(自明). 호 고불·동포(東浦). 시호 문정(文貞). 온양(溫陽) 출생. 1386년(우왕 12) 문과에 급제하여 예문춘추관 검열(檢閱)을 거쳐 전의승(典儀丞)·기거사인(起居舍人)·우헌납(右獻納) 등을 역임하였다. 시문(詩文)에 능하고 음률(音律)에도 밝아 향악(鄕樂)을 정리하고 악기도 만들었다. 또 청백리로 기록되고, 효성이 지극하여 정문(旌門)이 세워졌다. 작품에 《강호사시가(江湖四時歌)》 등이 있다.

## 1 한자어 풀이

- 政丞(정승) : 의정(議政)의 대신.
- 陋醜(누추) : 비좁고 더러움.
- 衣冠(의관) : 옷과 갓. 옷차림.
- 歎息(탄식) : 한숨을 쉬며 한탄함.
- 相公(상공) : 재상의 높임말.
- 實踐(실천) : 실지로 이행함.
- 眞正(진정) : 참되고 바름.
- 勇氣(용기) : 씩씩한 의기. 사물을 겁내지 않는 기개.

**한자 학습**

冠(갓 관)
孟(맏, 성씨 맹)
醜(추할 추)
踐[践](밟을 천)
旱(가물 한)
噫(탄식할 희)
錦(비단 금)
還(돌아올 환)
裳(치마 상)
*宰(재상 재)
*壎(질나팔 훈)
*銖(무게 단위 수)

## 2 한자 및 한자어 탐색

| 한자 | 뜻과 음 | | 한자어 연구 |
|---|---|---|---|
| 政 | 정사 | 정 | 政見(정견) : 정치상의 의견.<br>政權(정권) : 나라를 통치하는 권력. |
| 衣 | 옷 | 의 | 銖衣(수의) : 매우 가벼운 옷.<br>衣類(의류) : 몸에 입는 옷의 총칭. |
| 相 | 서로<br>재상 | 상<br>상 | 相逢(상봉) : 오랫동안 헤어져 있다가 서로 만남.<br>宰相(재상) : 옛적 임금을 도와 모든 관리를 지휘 감독했던 정2품 이상의 높은 벼슬아치.<br>壎篪相和(훈지상화) : '훈'과 '지'가 서로 조화를 이룸. '형제가 화합함'을 비유하여 이름. '훈·지'는 피리의 일종. |
| 實[実] | 열매<br>참 | 실<br>실 | 實感(실감) : 실제와 같은 느낌.<br>實利(실리) : 실제로 얻는 이익. |
| 勇 | 용맹할 | 용 | 勇敢(용감) : 씩씩하고 기운참.<br>勇退(용퇴) : 용기있게 쾌히 물러남. |
| 氣[気] | 기운 | 기 | 旱氣(한기) : 가물음. 한발.<br>噫氣(희기) : 내뿜는 숨. 답답한 모양. |

**심화학습**

**부수 공부**

衣(옷 의) · 衤(옷의변)

　'衣' 자는 몸을 가리는 '옷'으로, 위에 입는 짧은 저고리 모습이다. '衣' 자가 다른 글자와 합쳐질 때에는, 좌측에 사용되는 형태[衫(삼)], 밖을 에워싸는 형태[衰(쇠)], 위나 아래에 사용되는 형태[裔(예), 袈(가)]가 있다.

| 한자 학습 | 衣(옷 의)　衫(적삼 삼)　衰(쇠할 쇠)　裔(후손 예)　袈(가사 가) |
|---|---|
| 성어 학습 | 錦衣還鄕(금의환향) : 비단옷을 입고 고향에 돌아옴. 객지에서 성공하여 고향에 돌아감. |

### ③ 생활 한자어 활용

- 인간생활의 기본 요소는 衣食住이다.
- 사람들은 간호사를 白衣의 천사라 부른다.
- 철 지난 衣服은 잘 손질하여 보관해야 한다.
- 연극 무대에 참가한 동생의 衣裳이 화려해 보였다.

### ④ 주요 성어 탐색

- 月下氷人(월하빙인) : 월하로(月下老)와 빙상인(氷上人)이 합쳐진 것으로, 결혼 중매인을 일컫는 말.
- 犬馬之勞(견마지로) : 개나 말의 수고란 뜻으로, 자기의 노력을 겸손하게 이르는 말. 임금이나 나라에 충성을 다하는 노력.

**생각 키우기**

1. 맹사성은 비만 오면 빗물이 세어 의관이 다 젖을 정도로 가난한 생활을 하였는데, 그의 이러한 삶에 대해 여러분은 어떻게 생각합니까?

2. 오늘날 맹사성처럼 청렴결백한 지도자가 있다면, 사람들은 그를 어떤 사람으로 평가할지 말해 봅시다.

## 12 내 마음에 어찌 주인이 없겠는가

중국 元(원) 나라 때 許衡(허형)이 무더위 속에 河陽(하양) 땅을 지나갈 무렵 渴症(갈증)을 심히 느꼈다. 마침 길가에 배나무가 있자 여러 사람들이 앞 다투어 따 먹었으나 홀로 端正(단정)히 앉아 있었다. 어떤 사람이 말하기를, "世上(세상)이 어지러워 이것은 主人(주인)이 없다."라고 하니, 말하기를, "배나무는 주인이 없을지라도 내 마음에 어찌 주인이 없겠는가?"라 하였다. (사소절)

**해설 및 보충설명** 갈증이 몹시 날 때 누구나 길가 배나무에 열린 배를 따 먹고 싶었을 것이다. 그러나 허형은 주인의 허락 없이 터럭 하나라도 훼손해서는 안 된다고 여겼기에, 홀로 단정히 앉아 있었던 것이다. 어떤 이가 "세상이 어지러워 배나무의 주인이 없다."라 했지만, 그는 "나무의 주인은 없을지라도 내 마음에 어찌 주인이 없겠는가?"라 하였다. '愼獨(신독)'은 "홀로 있을 때를 삼간다."는 말이다. 즉 아무도 보지 않거나 들리지 않는 어두운 暗室(암실)일지라도, 자기 자신을 속이지 않아야 한다는 의미이다. 허형의 바른 태도는 '신독'의 실천으로, 이기심과 불신으로 만연된 현대사회에 우리 모두가 본받아야 할 좋은 교훈이 된다.

## ① 한자어 풀이

- 渴症(갈증) : 목이 말라 물마시고 싶은 느낌.
- 端正(단정) : 얌전하고 바름.
- 世上(세상) : 사람들이 살고 있는 지구 위.
- 主人(주인) : 한 집안의 주장이 되는 사람. 물건의 임자.
- 愼獨(신독) : 홀로 있을 때 도리에 어긋남이 없도록 삼감.
- 暗室(암실) : 밀폐되어 광선이 들어가지 않도록 설비된 방.

> **한자 학습**
> 愼(삼갈 신)
> 弦(줄 현)
> 塊(흙덩이 괴)
> 卓(책상 탁)
> *軸(굴대 축)
> *璇(옥 선)

## ② 한자 및 한자어 탐색

| 한자 | 뜻과 음 | 한자어 연구 |
|---|---|---|
| 端 | 단정할  단 | 端坐(단좌) : 단정하게 앉음.<br>端午(단오) : 음력 5월 5일의 명절. |
| 上 | 위  상<br>↔아래  하(下) | 上古(상고) : 매우 오래된 옛날.<br>上弦(상현) : 음력 7~8일경에 뜨는, 반원 모양의 달. |
| 主 | 주인  주<br>↔손님  객(客)<br>↔쫓을  종(從) | 主軸(주축) : 몇 개의 축을 가진 도형, 또는 물체에서 가장 주가 되는 축.<br>主觀(주관) : 모든 사람이 아닌, 자기만의 생각이나 느낌.<br>主體(주체) : 어떤 사물이나 조직 등의 중심이 되는 부분. |
| 獨 [独] | 홀로  독 | 塊獨(괴독) : 외톨.<br>獨居(독거) : 홀로 지냄. |
| 暗 | 어두울  암 | 暗記(암기) : 보지 못하고 욈.<br>暗賣(암매) : 남몰래 물건을 팖. |
| 室 | 집  실 | 浴室(욕실) : 목욕하는 시설을 갖춘 방.<br>璇室(선실) : 옥으로 장식한 방. 선규(璇閨). |

**부수 공부**

日 (날 일)

'日' 자는 '해'를 뜻하며, 지구의 항성(恒星)으로 태양계의 중심이 되어 지구의 밤과 낮, 그리고 사계절을 순환하게 함으로 '날'의 뜻이 되었다.

| 한자 학습 | 暗(어두울 암)　明(밝을 명)　早(일찍 조)　曉(새벽 효)<br>*昱(햇빛 밝을 욱)　*皓(밝을 호) |
|---|---|
| 성어 학습 | 皓旰(호간) : 햇빛이 나는 모양.<br>曉達(효달) : 깨달아 통달함. 환히 앎.<br>昱昱(욱욱) : 태양이 눈부시게 빛나는 모양.<br>作心三日(작심삼일) : 결심이 사흘을 가지 못함. |

### ③ 생활 한자어 활용

- 나는 暗記 과목에 자신이 있다.
- 전깃불이 나가자 집안이 순식간에 暗黑으로 변했다.
- 발표장에는 합격자와 불합격자의 明暗이 엇갈리었다.
- 저 애는 초등학생인데 早熟하여 고등학생처럼 보인다.

### ④ 주요 성어 탐색

- 見物生心(견물생심) : 물건을 보면 갖고 싶은 욕심이 생김.
- 卓上空論(탁상공론) : 실현성이 없는 허황한 이론이나 논의.
- 正出之日(정출지일) : 때마침 돋는 태양이라는 뜻으로, '기세가 더욱 성해짐'을 비유함. 正出(정출).

 생각 키우기

1. 갈증이 심하여 모두 길가의 배를 따먹었지만 허형은 그렇지 않았는데, 그의 이러한 태도에 대해 여러분은 어떻게 생각합니까?
2. 허형이 말한 '내 마음의 주인'에 대해 여러분의 생각을 말해 봅시다.

# 종합 정리(성실)

**자원 한자 공부**

逍　消 肖 削　哨

| 한자 학습 | 肖(닮을 초)　消(사라질 소)　削(깎을 삭)　*哨(망볼 초)　逍(거닐 소)<br>稍(작을 초) |
|---|---|
| 자원 분석 | 肖〔닮다, 작다〕 = 月〔←肉 몸, 고기〕 + 小 음<br>消〔사라지다, 불 끄다〕 = 氵〔물〕 + 肖 음<br>削〔깎다, 빼앗다〕 = 刂〔칼〕 + 肖 음<br>哨〔망 보다〕 = 口〔입〕 + 肖 음<br>逍〔거닐다〕 = 辶〔쉬엄쉬엄 가다〕 + 肖 음 |

壤　讓 襄 孃　釀

| 한자 학습 | 襄(도울 양)　壤(땅 양)　讓(사양 양)　*孃[嬢](아가씨 양)　釀(술 빚을 양)<br>攘(물리칠 양) |
|---|---|
| 자원 분석 | 襄〔도와주다〕<br>壤〔땅〕 = 土〔땅〕 + 襄 음<br>讓〔사양하다〕 = 言〔말〕 + 襄 음<br>孃〔아가씨〕 = 女〔여자〕 + 襄 음<br>釀〔술 빚다〕 = 酉〔술〕 + 襄 음<br>攘〔물리치다〕 = 扌〔손〕 + 襄 음 |

### 자원 한자 공부

綜　崇　琮
　宗
　踪

| 한자 학습 | 宗(마루 종)　綜(모을 종)　崇(높을 숭)　*琮(옥홀 종)　踪(자취 종) |
|---|---|
| 자원 분석 | 宗(마루, 종가, 근본) = 宀(집) + 示(보이다)<br>綜(모으다) = 糸(실) + 宗(음)<br>崇(높이다, 공경하다) = 山(산) + 宗(음)<br>踪(자취) = 足(발) + 宗(음)<br>琮(옥홀) = 王(옥) + 宗(음) |

院　完　冠
　元
　寇

| 한자 학습 | 元(으뜸 원)　完(완전할 완)　院(집 원)　冠(갓 관)　*莞(웃을 완, 왕골 관)<br>寇(도적 구) |
|---|---|
| 자원 분석 | 元(으뜸) = 一(하나) + 兀(음)<br>完(완전하다) = 宀(집) + 元(음)<br>院(집) = 阝(←阜 언덕) + 完(음)　　※*阜(언덕 부)<br>冠(갓) = 冖(모자, 덮다) + 寸(법도, 마디) + 元(음)<br>※冕旒冠(면류관): 帝王(제왕)의 正服(정복)에 갖추어 쓰던 관. *冕(면류관 면)<br>寇(도적) = 完(완전하다) + 攴(치다)<br>莞(웃다, 왕골) = 艹(풀) + 完(음) |

종합 정리(성실)

## ○ 한자 정리

| 단원 차례 | 중학교 한자 | 고등학교 한자 | 부수 한자 | 자원 한자 |
|---|---|---|---|---|
| 1 | 人, 間, 正, 禁, 成, 不 | 誇, 僞, 具, 傑, 肯 | 人·亻 | |
| 2 | 居, 由, 史, 定, 中, 原 | 陶, 刺, 澤, 員, 庸, 檢, 暫, 息 | 厂 | |
| 3 | 漢, 城, 念, 家, 庭, 溪 | 慮, 碧, 寶, 球 | 水·氵 | |
| 4 | 道, 德, 權, 勢, 通, 達 | 阿, 寂, 劣, 帳 | 辵·辶 | |
| 5 | 數, 十, 雪, 窓, 案, 品 | 康, 螢, 件, 龘, 階 | 十 | |
| 6 | 廣, 神, 一, 壹, 直, 感 | 錯, 慨, 痛 | 一 | |
| 7 | 公, 明, 大, 處, 事, 親 | 系, 蓮, 辨, 司, 睦, 聰, 托, 腦, 透 | 大 | |
| 8 | 混, 宗, 氏, 丁, 酉, 哀 | 昇, 殉, 陳 | 宀 | |
| 9 | 六, 燈, 汝, 祝, 賀, 吾 | 府, 巡, 獻, 軒 | 火·灬 | |
| 10 | 石, 名, 玉, 和, 之, 完 | 鑑, 昭, 碑, 塔 | 玉 | |
| 11 | 政, 衣, 相, 實, 勇, 氣 | 冠, 孟, 醜, 踐, 錦, 還, 旱, 噫, 裳 | 衣·衤 | |
| 12 | 端, 上, 主, 獨, 暗, 室 | 愼, 弦, 曉, 塊 | 日 | |
| 총계 | 72개 | 62개 | 12 | |

## ○ 부수·자원 한자 정리

| 차례 | 부수 한자 | 해당 한자 | 자원 한자 | 해당 한자 |
|---|---|---|---|---|
| 1 | 人·水 | 人, 今, 仁, 傑 | | |
| 2 | 厂 | 原, 厚 | | |
| 3 | 水·氵 | 水, 漢, 溪, 汝, 澤 | | |
| 4 | 辵·辶 | 道, 通, 達, 還 | | |
| 5 | 十 | 十, 千, 半 | | |
| 6 | 一 | 一, 二, 三 | | |
| 7 | 大 | 大, 夫 | | |
| 8 | 宀 | 宗, 家, 室 | | |
| 9 | 火·灬 | 火, 燈, 熱 | | |
| 10 | 玉 | 玉, 珠, 球 | | |
| 11 | 衣·衤 | 衣, 衫, 裵, 袈 | | |
| 12 | 日 | 暗, 明, 早 | | |

## ○ 한자능력시험 급수별 한자

| 급 수 | 해당 한자 | 총 수 |
|---|---|---|
| 8급 | 一, 六, 十, 大, 室, 人, 中 | 7 |
| 7급 | 名, 上, 道, 事, 家, 主, 氣, 正, 直, 不, 間, 漢, 數 | 13 |
| 6급 | 公, 勇, 和, 定, 庭, 感, 成, 明, 球, 由, 石, 神, 窓, 衣, 親, 通, 雪 | 17 |
| 5급 | 件, 廣, 具, 念, 德, 獨, 史, 相, 實, 案, 完, 原, 祝, 品, 卓 | 15 |
| 4급 | 康, 居, 傑, 檢, 系, 階, 權, 禁, 端, 達, 燈, 慮, 寶, 府, 碑, 城, 勢, 息, 氏, 暗, 玉, 員, 帳, 丁, 政, 宗, 處, 痛, 混, 普 | 30 |
| 3급 | 鑑, 慨, 溪, 誇, 冠, 塊, 錦, 腦, 蓮, 芳, 孟, 睦, 飜, 碧, 辨, 司, 裳, 昭, 巡, 殉, 昇, 愼, 阿, 哀, 汝, 吾, 庸, 僞, 酉, 壹, 刺, 暫, 寂, 之, 陳, 錯, 踐, 肖, 聰, 醜, 托, 塔, 澤, 透, 賀, 旱, 獻, 軒, 弦, 螢, 還, 噫, 曉, 陶 | 54 |
| 2급 | 昱, 把, 託, 衷, 蹴, 軸, 趨, 玲, 哨, 燻, 卞, 滉, 阜, 燉, 璇, 燾, 悼, 晋, 籠, 杰, 憓, 秦, 煜, 膽, 炅, 珠, 琮, 枚, 措, 珏, 襄, 宰, 孃, 琯, 軌, 晃, 銖, 甕, 芫, 晧 | 40 |
| 총 수 | 8급 ~ 2급 | 176 |

# 2. 교 육 편

▼
▼
▼

우리가 아무리 훌륭한 재주를 소유했다 해도, 교육을 받지 않는다면 사람으로서 제구실을 할 수 없을 것이며, 또 자기의 재능을 십분 발휘할 수 없다. 교육은 사람을 바보로도 성인(聖人)으로도 만들 수 있는 마력적 존재이다.

# 1  스승을 좇지 않으면 모르는 점이 풀리지 않는다

옛적 배우는 사람은 반드시 스승이 있었으니, 스승이란 도를 전하고 業(업)을 주고 疑惑(의혹)을 풀어주는 것이다. 사람은 나면서부터 아는 자가 아니면 누가 의혹이 없을 수 있으리요. 의혹이 있으면서 스승을 좇지 않는다면, 그 의혹됨은 끝내 풀리지 않을 것이다. (古之學者 必有師 師者 所以傳道授業解惑也 人非生而知之者 孰能無惑 惑而不從師 其爲惑也 終不解矣) 〈고문진보〉

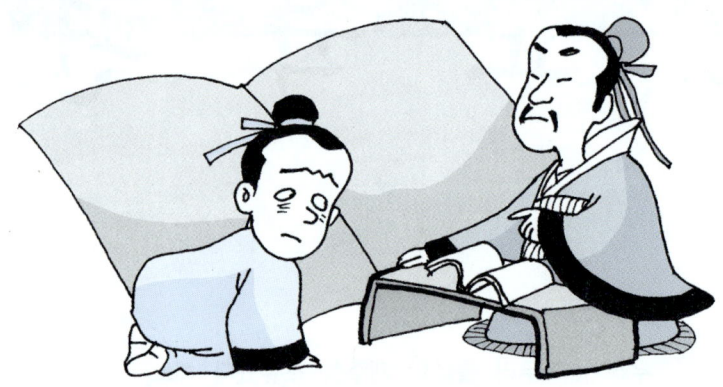

**해설 및 보충설명**
韓愈(한유)[1]는 '師說(사설)'에서 스승이란 道(도)를 전해 주는 사람이라 했다. 이는 지식 위주의 현대적 가치관과는 사뭇 차이를 보인다. 그는 道(도)의 앎이 진실로 나보다 앞서면, 곧 그를 스승으로 삼아야 하며, 나이의 많고 적음이나 직업의 貴賤(귀천)을 따질 必要(필요)가 없다고 했다. 그러나 많은 사람들은 道(도)를 傳(전)하는 사람보다는 지식을 중심으로 스승을 찾고, 또 직업의 귀천을 따져서 그가 벼슬이 높으면 意氣揚揚(의기양양)하고, 낮으면 그에게 배우는 것을 부끄러워했다. 참 스승은 道(도)를 전해 주고, 잘 모르는 迷惑(미혹)을 풀어주며, 진정한 業(업)을 주는 사람이 아닐까?

---

1) 한유(韓愈) (768~824) : 중국 당나라의 문학자 · 사상가. 자는 퇴지(退之). 당송 8대가의 한사람으로 꼽히며, 특히 고문(古文)의 대가로 송대 이후 도학(道學)의 선구자가 되었다. 사상에 있어 유가의 사상을 존중하고 도교 · 불교를 배격하였으며, 송대 이후 도학의 선구자가 되었다.

## 1 한자어 풀이

- 疑惑(의혹) : 의심하여 분별에 당혹함.
- 師說(사설) : 스승에 대해 말한 글. '설(說)'은 문체의 하나.
- 貴賤(귀천) : 부귀와 빈천. 귀한 사람과 천한 사람.
- 必要(필요) : 꼭 소용이 됨.
- 意氣揚揚(의기양양) : 득의한 마음이 얼굴에 나타나는 모양.
- 迷惑(미혹) : 마음이 흐려서 무엇에 홀림. 정신이 헷갈려서 갈 팡질팡 헤맴.

| 한자 학습 |
|---|
| 孰(누구 숙) |
| 疑(의심할 의) |
| 釋[釈](풀 석) |
| *釣(낚시 조) |

## 2 한자 및 한자어 탐색

| 한자 | 뜻과 음 | | 한자어 연구 |
|---|---|---|---|
| 師<br>[师] | 스승<br>↔아우 | 사<br>제(弟) | 釣師(조사) : 낚싯군.<br>師父(사부) : 스승의 높임말. 스승과 아버지. |
| 授 | 줄<br>↔받을 | 수<br>수(受) | 授賞(수상) : 상을 줌.<br>授受(수수) : 주는 일과 받는 일. |
| 揚 | 날릴<br>↔누를 | 양<br>억(抑) | 揚水(양수) : 물을 뿜어 올림.<br>揚名(양명) : 이름을 떨쳐 날림. |
| 必 | 반드시 | 필 | 必勝(필승) : 반드시 이김.<br>必讀(필독) : 반드시 읽어야 함. |
| 要 | 중요할 | 요 | 要求(요구) : 달라고 함. 구함.<br>要件(요건) : 필요한 일. 필요한 조건. |
| 意 | 뜻 | 의 | 意志(의지) : 마음. 생각. 뜻.<br>意味(의미) : 말이나 글이 가진 뜻. |

**심화학습**

**부수 공부**

手(손 수) · 扌(재방변)

'手' 자는 사람의 '손'을 뜻하며, 편방으로 사용될 때에는 두 형태가 있다. 단독으로 사용될 때[掌 장]와 왼쪽 변에 쓰이는 형태[指 지]이다. 후자의 자형은 才(재주 재)와 닮아 그 글자의 음 '재'를 빌어 '재방변'이라 한다.

| 한자 학습 | 手(손 수) 授(줄 수) 揚(날릴 양) 掌(손바닥 장) 指(가리킬 지) |
|---|---|
| 성어 학습 | 手不釋卷(수불석권) : 손에서 책을 놓지 않음. 항상 책을 읽음. 열심히 공부함. |

### ③ 생활 한자어 활용

- 청각 장애인을 돕기 위해 나는 手話를 배웠다.
- 오늘 점심은 手中에 돈이 없어 굶을 수밖에 없다.
- 저 할아버지는 중풍으로 手足이 자유롭지 못하시다.
- 그는 축구 경기를 하다가 부상을 입어 手術을 받았다.

### ④ 주요 성어 탐색

- 堅忍不拔(견인불발) : 굳게 참고 견디어 마음이 흔들리지 아니함.
- 見危致命(견위치명) : 나라의 위태로움을 당하여 자기 목숨을 바침.
- 泰山鳴動(태산명동) : 크게 시끄럽게 구는 것을 알고 보니 별것 아니었다는 뜻.

 생각 키우기

1. "스승이란 도를 전하고 업(業)을 주고 의혹(疑惑)을 풀어주는 것이다."라 했다. 여기에서의 '업'과 '의혹'은 각각 무엇을 말할까요?

2. 이글의 도(道)와 학교에서 배우는 지식과는 어떤 차이점이 있는지 생각해 봅시다.

## 2 얼음은 물보다 더 차갑다

學問(학문)은 중도에 그쳐서는 안 된다. 푸른 물감은 쪽풀[藍]에서 採取(채취)했으나 쪽풀보다 더 푸르고, 얼음[氷]은 물[水]로 만든 것이나 물보다 더 차갑다. 〈중략〉 사람이 태어났을 때는 같은 소리를 내었으나, 자라면서 風俗(풍속)을 달리하는 것은 가르침이 그렇게 만든 것이다. (學不可以已 靑取之於藍而靑於藍 氷水爲之 而寒於水 〈중략〉 生而同 長而異俗 敎使之然也) 〈순자〉

**해설 및 보충설명**  사람은 갓 태어나서는 아무것도 할 수 없는 무능한 존재였다. 그러나 점차 말을 배우고, 예절을 배우고, 학문을 배워가면서 만물의 靈長(영장)으로 발전한다. 인간의 성숙·발전은 배움을 통해 이루어지며, 또 이를 중도에 그치지 않는 데 있다. 그리고 배운 학문을 꾸준히 연구하고 실천할 때, 순자가 말했던 것처럼 마치 쪽풀에서 푸른 물감이 나오고[靑出於藍청출어람], 물보다 더 차가운 얼음이 만들어져, 자기를 가르쳐 준 스승보다 더 높은 학문의 경지에 오를 수 있을 것이다.

## 1 한자어 풀이

- 學問(학문) : 배우고 익힘. 학식.
- 採取(채취) : 찾아서 캐어냄. 골라서 캐어냄.
- 風俗(풍속) : 옛적부터 내려오는 습관 또는 그 때 그 곳의 버릇.
- 靈長(영장) : 영묘한 힘을 가진 것의 우두머리. 곧 사람을 가리키는 말.
- 靑出於藍(청출어람) : 쪽에서 뽑은 푸른 물감이 쪽보다 더 푸르다는 뜻으로, 제자나 후배가 스승이나 선배보다 더 뛰어남.

**한자 학습**

藍[蓝](쪽 람)
靈[灵](신령 령)
鹽[塩](소금 염)
淡(묽을 담)
　↔濃(짙을 농)
*諮(물을 자)

## 2 한자 및 한자어 탐색

| 한자 | 뜻과 음 | 한자어 연구 |
|---|---|---|
| 靑 | 푸를 청 | 靑年(청년) : 젊은 사람.<br>靑史(청사) : 역사 기록을 뜻하는 말. |
| 問 | 물을 문<br>↔대답할 답(答) | 問題(문제) : 답을 필요로 하는 물음.<br>諮問(자문) : 개인이나 정부 등에서 어떤 어려운 일을 하려 할 때, 그 일을 해결하기 위하여 전문가에게 물음. |
| 氷 | 얼음 빙<br>↔숯 탄(炭) | 氷山(빙산) : 바다에 떠 있는 큰 얼음 덩어리.<br>氷點(빙점) : 얼거나 녹기 시작할 때의 물의 온도. |
| 水 | 물 수 | 淡水(담수) : 짠 맛이 없는 맑은 물.<br>鹽水(염수) : 소금물. 소금기가 있는 물. |
| 取 | 취할 취<br>↔버릴 사(捨) | 取得(취득) : 자기의 소유로 만듦.<br>取材(취재) : 기사의 재료를 얻음. |
| 採 | 캘 채 | 採用(채용) : 인재를 뽑음.<br>採光(채광) : 창문을 열어 햇빛을 받아들임. |

**심화학습**

**자원 한자 공부**

採
菜　采　彩
埰

| 한자 학습 | 採(캘 채)　菜(나물 채)　彩(채색할 채)　*采(캘 채)　*埰(사패지 채) |
|---|---|
| 자원 분석 | 采〔캐다, 따다〕 = 爫〔손, 손톱〕 + 木〔나무〕<br>採〔캐다, 따다〕 = 扌〔손〕 + 采 음<br>菜〔나물〕 = 艹〔풀〕 + 采 음<br>彩〔채색〕 = 彡〔터럭〕 + 采 음<br>埰〔사패지〕 = 土〔땅〕 + 采 음<br>※사패지는 임금이 하사한 땅을 말함. |

### ③ 생활 한자어 활용

- 답안지 採點은 컴퓨터로 이루어진다.
- 이번 採用 박람회는 성황리에 막을 내렸다.
- 승려들은 불교의 가르침에 따라 菜食을 주로 한다.
- 밋밋하던 벽이 아름다운 색으로 彩色되자 전혀 다른 느낌을 주었다.

### ④ 주요 성어 탐색

- 兼人之勇(겸인지용) : 능히 몇 사람을 당해 낼 만한 용기.
- 經國濟世(경국제세) : 나라를 다스리고 백성을 구제함. 경세제민(經世濟民).
- 泰山北斗(태산북두) : 태산과 북두칠성을 가리키는 말. 어떤 분야의 제일인자 또는 대가.

 **생각 키우기**

1. '얼음이 물로 만들어졌으나 물보다 더 차갑다.'는 글은 학습자에게 어떤 변화를 요구하는 말이겠습니까?

2. "사람이 태어났을 때는 같은 소리를 내었으나, 자라면서 풍속(風俗)을 달리한다."는 말은 무엇을 중시한 것인가요?

## 3. 십 년 안에 성공하지 못하면 내 아들이 아니다

　崔致遠(최치원)²⁾이 12세 때 아버지에게 唐(당)나라에 유학하여 공부할 것을 청하니, 아버지가 그에게 말했다.

　"앞으로 10년 내에 科擧(과거) 시험에 及第(급제)하지 않으면 내 아들이 아니다. 당나라에 가서 힘써 공부하도록 하라."

　그는 당나라에 도착하여 아버지의 忠言(충언)을 마음에 새기고 열심히 공부한 결과 18세에 과거시험에 급제하였으며, 그 후 여러 벼슬을 거쳐 紫金魚袋(자금어대)를 하사받기도 했다. (삼국사기)

> **해설 및 보충설명**
> 　아버지는 흔히 하늘에, 어머니는 땅에 비유한다. 하늘은 크고 넓으며, 변치 않는 日月(일월)이 어둠을 밝혀 준다. 늘 근엄하면서도 健實(건실)했던 우리 아버지들은 해와 달처럼 萬人(만인)의 등불이었다. 당시 중국에 유학하여 성공한 인물로는 단연 최치원을 꼽는다. 그가 아버지께 留學(유학)할 것을 청할 때, 아버지께서 "10년 안에 과거에 급제하지 않으면, 내 아들이 아니다."라 했으니, 이는 목표를 이루지 못할 경우 天倫(천륜)의 정까지도 끊어 버리겠다는 嚴訓(엄훈)이 담긴 말이다. 중국에 유학하여 그들과 같은 班列(반열)에서 공부하기도 어려웠을 텐데, 과거에 합격하기란 정말 힘든 일이었음을 알 수 있다. 그가 중국에 가 5년 만에 과거에 급제하고, 또 높은 벼슬에까지 올라갈 수 있었던 것은 그 아버지의 엄훈이 아니었다면 불가능했을지도 모른다.

2) 최치원(崔致遠) (857~?) : 경주최씨(慶州崔氏)의 시조. 자 고운(孤雲)·해운(海雲). 869년(경문왕 9) 13세로 당나라에 유학하고, 874년 과거에 급제, 후일 자금어대(紫金魚袋)도 받았다. 879년(헌강왕 5) 황소(黃巢)의 난에 〈토황소격문(討黃巢檄文)〉을 초하여 문장가로서 이름을 떨쳤다. 885년 귀국, 대산(大山) 등지의 태수(太守)를 지낸 후 아찬(阿湌)이 되었다. 그 후 관직을 내놓고 난세를 비관, 각지를 유랑하다가 가야산(伽倻山) 해인사(海印寺)에서 여생을 마쳤다.

## 1 한자어 풀이

- 及第(급제) : 시험에 합격됨. 과거(科擧)의 합격.
- 忠言(충언) : 진심으로 하는 말.
- 日月(일월) : 해와 달.
- 健實(건실) : 씩씩하고 착함.
- 萬人(만인) : 썩 많은 사람. 모든 사람.
- 留學(유학) : 외국에 머물러 공부함.
- 天倫(천륜) : 부자·형제 사이의 변치 않는 떳떳한 도리.
- 嚴訓(엄훈) : 엄중한 훈계.
- 班列(반열) : 신분·등급·품계의 차례.

**한자 학습**

紫(자줏빛 자)
健(건강할 건)
禾(벼 화)
忌(꺼릴 기)
桐(오동나무 동)
普(널리 보)
*崔(성 최)
*曜(빛날 요)
*埃(티끌 애)

## 2 한자 및 한자어 탐색

| 한자 | 뜻과 음 | | 한자어 연구 |
|---|---|---|---|
| 科 | 품등 | 과 | 科學(과학) : 자연 과학.<br>科客(과객) : 과거를 보러 가는 사람. |
| 嚴<br>[厳] | 엄할 | 엄 | 嚴格(엄격) : 규율 등이 매우 엄함.<br>嚴冬(엄동) : 혹독하게 추운 겨울. |
| 及 | 미칠 | 급 | 及落(급락) : 급제와 낙방.<br>埃及(애급) : 이집트의 한자음 표기. |
| 第 | 차례 | 제 | 第一(제일) : 첫 번째. 으뜸.<br>第三者(제삼자) : 당사자 이외의 사람. |
| 日 | 날<br>↔달 | 일<br>월(月) | 忌日(기일) : 어버이가 죽은 날. 사람이 죽은 날.<br>曜日(요일) : 일·월·화·수·목·금·토의 날. |
| 月 | 달 | 월 | 明月(명월) : 밝은 달.<br>桐月(동월) : 음력 7월의 딴이름. |

| 부수 공부 | 禾(벼 화)  |
|---|---|

'禾'자는 곡물 '벼'를 뜻하는 글자로, 이삭을 드리우고 있는 벼 형상이다. 위는 이삭과 가지를, 아래는 뿌리를 나타내고 있다.

| 한자 학습 | 禾(벼 화)　科(품등 과)　秀(빼어날 수)　種(씨 종) |
|---|---|
| 성어 학습 | 種豆得豆(종두득두) : 콩 심으면 콩을 얻는다는 뜻으로, 원인에 따라 결과가 발생함. |

### ③ 생활 한자어 활용

- 여러분은 어떤 科目을 좋아합니까?
- 어떤 생물이든 種族 보존의 본능이 있다.
- 내 친구는 수학을 유달리 잘하여 秀才라는 별명을 얻었다.
- 나는 대학에서 무슨 學科를 전공할지 아직 결정하지 못했다.

### ④ 주요 성어 탐색

- 泰然自若(태연자약) : 마음에 무슨 충동을 받을 만한 일이 있어도 태연하고 천연스러움.
- 傾國之色(경국지색) : 임금이 혹하여 나라가 기울어져도 모를 만큼 매우 뛰어난 미녀. 絶世美人(절세미인).
- 鷄口牛後(계구우후) : 닭의 부리가 될지언정 쇠꼬리는 되지 말라. 큰 집단의 말석보다는 작은 집단의 우두머리가 나음.

#### 생각 키우기

1. 최치원의 아버지는 "10년 안에 과거에 급제하지 못하면 내 아들이 아니다."라 했는데, 이 말의 진정한 의미는 무엇이겠습니까?

2. 12살의 어린 나이에 당나라에 유학하려 했던 최치원의 학문적 열정을 보고 무엇을 느꼈습니까?

## 4 청렴결백한 태도면 족하다

文貞公 孫舜孝(문정공 손순효)³⁾는 벼슬이 높을수록 더욱 조심하고 節約(절약)하여, 손님의 술상을 차리더라도 항상 검은 콩 조림과 쓴 나물과 솔잎 등으로 안주를 만들어 대접하고 풍성하게 차리는 것을 꺼려 했다. 그는 일찍이 子弟(자제)에게 경계하여 말했다.

"우리 집안은 어려운 처지에서 일어났으므로, 옛 물건으로는 전할 만한 것은 없고, 오직 청렴 潔白(결백)한 태도를 傳(전)한다면 역시 足(족)할 것이다." 〈명신록〉

**해설 및 보충설명**  문정공 손순효는 벼슬이 높을수록 더욱 절약하고 검소한 생활을 하여 평소 식사는 물론이요, 손님이 찾아올 때에도 채식이나 솔잎 등으로 술상의 안주를 마련하는 등 청빈한 생활을 하였다. 또 그는 자제에게도 재산 등 물질적 享有(향유)보다는 청렴결백한 삶을 家訓(가훈)으로 전할 것을 강조하고 있다.

모든 부귀와 功名(공명)은 일시적인 것이며, 사람의 몸조차 우주 만물의 一員(일원)으로 잠시 머물다 사라진다. 손순효의 청빈한 삶은 남들이 탐내는 부귀영화 등 私利私慾(사리사욕)을 超然(초연)한 것으로, 세속적 삶을 뛰어넘는 도덕 君子(군자)의 기상을 보여준다.

---

3) 손순효(孫舜孝) (1427~1497) : 본관 평해(平海). 자 경보(敬甫). 호 물재(勿齋)·칠휴거사(七休居士). 시호 문정(文貞). 1457년(세조 3) 문과중시(文科重試)에 급제했다. 1487년 《식료찬요(食療撰要)》를 찬진(撰進)했다. 1496년(연산군 2) 중추부판사(中樞府判事) 때 고령을 핑계, 사퇴를 청했으나 불허되고 궤장(几杖)을 하사받았다. 성리학에 밝고 《중용(中庸)》 《대학(大學)》과 《역경(易經)》에 정통했다. 문장이 뛰어나고 그림은 화죽(畫竹)에 능했으며, 청렴하기로 이름이 났다.

## 1 한자어 풀이

- 節約(절약) : 아끼어 군 비용이 나지 않게 함.
- 子弟(자제) : 아들. 남의 집 젊은 사람의 높임말.
- 潔白(결백) : 깨끗함. 욕심이 적고 마음이 맑음.
- 態度(태도) : 겉모양. 몸을 가지는 모양.
- 享有(향유) : 누려서 가짐.
- 家訓(가훈) : 가정의 교훈.
- 功名(공명) : 공을 세워 이름을 떨침.
- 一員(일원) : 한 단체를 이루는 한 사람.
- 私利私慾(사리사욕) : 개인의 이익과 욕심.
- 超然(초연) : 둘레 밖으로 벗어남.

**한자 학습**

超(넘을 초)
眉(눈썹 미)
縮(줄 축)
郵(역말 우)
盟(맹세할 맹)
拍(칠 박)
矛(창 모)
盾(방패 순)
*遞[逓](전할 체)
*款(항목 관)
*帽(모자 모)
*箱(상자 상)

## 2 한자 및 한자어 탐색

| 한자 | 뜻과 음 | 한자어 연구 |
|---|---|---|
| 貞 | 곧을 정 | 貞烈(정렬) : 여자의 지조가 곧고 매움.<br>貞淑(정숙) : 여자로서 행실이 곧고 바름. |
| 約 | 맺을 약 | 盟約(맹약) : 굳게 맺은 약속.<br>約款(약관) : 법령·조약·계약 등에 정한 조약. |
| 子 | 아들 자 | 郵子(우자) : 우체부(郵遞夫). 역졸(驛卒).<br>拍子(박자) : 리듬의 근본이 되는 시간적 단위.<br>箱子(상자) : 물건을 담기 위해 네모나게 만든 물건.<br>帽子(모자) : 추위·햇빛을 막거나 예의를 갖추기 위해 머리에 쓰는 물건. |
| 弟 | 아우 제 | 師弟(사제) : 스승과 제자.<br>弟子(제자) : 가르침을 받는 사람. |
| 白 | 흰 백<br>↔검을 흑(黑) | 白骨(백골) : 죽은 사람의 살이 썩은 뒤에 남은 흰 뼈.<br>白眉(백미) : 여럿 가운데 가장 뛰어난 사람이나 작품. |
| 潔 | 깨끗할 결 | 不潔(불결) : 물건이나 장소가 지저분하거나 더러움.<br>清潔(청결) : 더럽거나 지저분하지 않고 맑고 깨끗함. |

 **부수 공부**

子(아들 자)

'子' 자는 '어린아이' 모양을 본뜬 글자로, 초기에는 남녀를 모두 '子'라고 했다. 후일 '子' 자 앞에 '男(사내 남)' 자나 '女(계집 녀)' 자를 붙여 사용했다.

| 한자 학습 | 子(아들 자)　孫(손자 손)　字(글자 자)　孝(효도 효) |
|---|---|
| 성어 학습 | 慈母敗子(자모패자) : 지나치게 자애로운 어머니는 결국 자식을 망치게 함. |

### ③ 생활 한자어 활용

- 부모라면 누구나 子女 교육에 관심이 많다.
- 나는 어제 학교에서 字典 찾는 방법을 배웠다.
- 그의 孝行이 TV에 방영되자 온정의 물결이 쇄도하였다.
- 孫子·孫女가 설날 아침에 할아버지·할머니께 세배를 하였다.

### ④ 주요 성어 탐색

- 鷄卵有骨(계란유골) : 계란에도 뼈가 있음. 재수가 없는 사람은 모처럼 좋은 기회를 만나도 일이 잘 안 됨.
- 鷄鳴狗盜(계명구도) : 맹상군(孟嘗君)의 식객들이 닭 울음소리와 좀도둑질로 그를 위기에서 구했다는 고사로, 점잖은 사람이 배울 것이 못되는 천한 기능, 또는 그런 기능을 가진 사람.

**생각 키우기**

1. 손순효는 벼슬이 높을수록 더욱 조심하고 절약(節約)하였으며, 손님 대접도 매우 검소하게 하였는데, 여러분의 생활태도는 어떻습니까?

2. 손순효처럼 청렴결백한 삶을 가훈으로 삼는다면, 현대 사회에 어떤 곤란한 문제나 矛盾(모순)점이 발생할 수 있을까요?

# 5 황금보기를 돌같이 하라

崔瑩(최영)⁴⁾이 어렸을 때, 그 아버지는 늘 그에게 경계하여 말하였다.
"見金如石(황금 보기를 돌과 같이 하라)"
이에 최영은 항상 이 넉 자를 큰 띠에 써서 평생 동안 가슴에 새겨 잊지 아니하였다. 비록 나라의 정권을 잡아 위엄이 안팎에 떨쳤으나 터럭 하나도 남에게서 취하지 아니했으며, 집안은 겨우 먹고사는 데 족할 따름이었다. (용재총화)

**해설 및 보충설명**

최영은 고려 말 將帥(장수)로 수많은 전투에서 乘勝長驅(승승장구)한 공을 이룬 대표적 인물이다. 여러 차례 왜구를 討伐(토벌)한 공이 있으며, 원나라의 요청으로 중국 亂軍(난군)을 평정했고, 압록강 서쪽 땅을 회복하기도 하였다. 홍건적이 평양을 함락시키자 이를 물리쳤으며, 명나라가 철령위를 설치하여 북변 일대를 遼東(요동)에 귀속시키려 하자 정벌 계획을 세워 출정했으나, 이성계 등의 위화도 회군으로 挫折(좌절)되고 말았다. 당시 이성계의 軍士(군사)들이 개성에 난입하자 이를 맞아 싸우다가 체포되어 고양 등지에 유배되었다가 개경에서 斬刑(참형)되었다. 그는 "황금보기를 돌같이 하라."는 아버지 崔雍(최옹)의 교훈을 늘 가슴에 새겼으며, 이러한 생활은 비록 높은 벼슬에 올랐을 때에도 간직하여 터럭 하나 남에게서 취하지 않는 청빈함을 실천하였다.

---

4) 최영(崔瑩) (1316~1388) : 본관 동주(東州). 시호 무민(武愍). 1381년 영삼사사(領三司事) 등을 지내고 벼슬을 사퇴했다가 1388년 수문하시중(守門下侍中)이 되었는데, 이 때 명나라가 철령위(鐵嶺衛)를 설치, 북변 일대를 요동(遼東)에 귀속시키려 하자 요동 정벌을 계획, 팔도도통사(八道都統使)가 되어 정벌군을 이끌고 출정했으나, 이성계 등의 위화도 회군(威化島回軍)으로 요동 정벌이 좌절되었다. 이성계군이 개성에 난입하자 이를 맞아 싸우다가 체포되어 고봉(高峰: 高陽) 등지에 유배되었다가 개경(開京)에서 참형(斬刑)되었다.

## ① 한자어 풀이

- 見金如石(견금여석) : 황금보기를 돌같이 한다는 뜻으로, 청렴 결백한 삶을 강조한 말.
- 乘勝長驅(승승장구) : 거리낌 없이 이겨 나아감.
- 討伐(토벌) : 반란자나 도둑의 무리를 군사로써 침.
- 亂軍(난군) : 반란군. 기율이 없는 군대.
- 挫折(좌절) : 꺾이어 부러짐. 꺾임.
- 軍士(군사) : 군인. 군졸. 병사.
- 斬刑(참형) : 참혹한 형벌. 목을 베어 죽이는 형벌.

**한자 학습**

- 折(꺾을 절)
- 討(칠 토)
- 驅(몰 구)
- 叛(배반할 반)
- *瑩(옥돌 영)
- *鍛(쇠 불릴 단)
- *斬(벨 참)
- *遼(멀 료)
- *雍(화할 옹)

## ② 한자 및 한자어 탐색

| 한자 | 뜻과 음 | | 한자어 연구 |
|---|---|---|---|
| 金 | 쇠 | 금 | 代金(대금) : 거래하고 나서 치러야 하는 비용이나 값.<br>鍛金(단금) : 금속을 판상(板狀)·선상(線狀)으로 두드려 펴서 기물을 만드는 일. |
| 乘<br>[乗] | 탈 | 승 | 乘馬(승마) : 말을 탐. 타는 말.<br>乘客(승객) : 차, 배, 비행기 등에 타는 손님. |
| 軍 | 군사 | 군 | 叛軍(반군) : 배반한 군사.<br>軍備(군비) : 전쟁을 수행하기 위해 갖춘 군사 설비. |
| 東 | 동녘<br>↔서녘 | 동<br>서(西) | 東向(동향) : 동쪽을 향함.<br>東洋(동양) : 아시아 지역. |
| 伐 | 칠 | 벌 | 伐木(벌목) : 나무를 벰.<br>伐草(벌초) : 무덤의 잡초를 베어서 깨끗이 함. |
| 刑 | 형벌 | 형 | 刑法(형법) : 범죄와 형벌에 관한 법.<br>刑場(형장) : 형벌, 사형을 집행하는 곳. |

교육편

## 심화학습

### 자원 한자 공부

驅　鷗　區　歐　毆

| 한자 학습 | 區[区](구역, 나눌 구)　驅[驱](몰 구)　*鷗[鸥](갈매기 구)<br>*歐(토할, 노래할 구)　毆(때릴, 두드릴 구) |
|---|---|
| 자원 분석 | 區〔구역, 나누다〕= 匚〔칸막이, 감추다〕+ 品〔물건〕<br>驅〔몰다〕= 馬〔말〕+ 區〔음〕<br>鷗〔갈매기〕= 鳥〔새〕+ 區〔음〕<br>歐〔토하다, 노래하다〕= 欠〔하품〕+ 區〔음〕<br>毆〔때리다, 두드리다〕= 殳〔치다〕+ 區〔음〕 |

### 부수 공부

金(쇠 금)

'金'자는 '쇠'를 뜻하는 글자이지만, 오늘날 황금(黃金)의 뜻으로 흔히 사용한다. 그 자원은 쇠를 만드는 주조(鑄造)의 틀이나 덮여 있는 흙 속에 광물(鑛物)이 들어 있는 형태 등 여러 견해가 있다.

| 한자 학습 | 金(쇠 금)　銀(은 은)　銅(구리 동)　*鈗(병기 윤)<br>*鑄[铸](쇠 불릴 주)　*鑛[鉱](쇳돌 광) |
|---|---|
| 성어 학습 | 黃金萬能(황금만능) : 돈만 있으면 만사가 해결될 수 있다는 말.<br>※ 鈗(윤) : 시신(侍臣)들이 가지고 있는 좋은 병기. 창(槍)의 일종. |

### 생각 키우기

1. 황금 보기를 돌같이 했던 최영의 삶을 보고 여러분은 어떤 생각을 하였습니까?

2. 부모님께서 여러분에 주신 교훈 중 현재 실천하고 있는 것은 어떤 것이 있습니까?

## 6. 사람의 부귀영달은 타고난 분수가 있다

姜碩德(강석덕)5)은 일찍이 그 아들 希顔(희안)과 希孟(희맹)에 늘 훈계하였다.

"사람의 富貴榮達(부귀영달)은 타고난 분수가 있으니, 구한다고 얻어지는 것이 아니다. 사람이 스스로 힘쓸 것은 孝道(효도)・恭敬(공경)・忠誠(충성)・신의・예절・의리・淸廉(청렴)・羞恥(수치)일 뿐이니, 이것에 부끄러움을 느낄 것이오, 그 밖의 다른 일은 볼 것이 없다." (명신언행록)

**해설 및 보충설명**

인간은 누구나 행복한 생활을 꿈꾼다. 즉 돈이 많아 풍족한 생활을 바라고, 출세하여 남이 자기를 우러러 받들며, 또 따르는 무리가 많기를 渴求(갈구)한다. 그러나 이러한 삶은 타고난 분수가 있어서 사람이 마음대로 할 수 있는 일이 아니다. 강석덕은 이 같은 사실을 알고 자식들에게 삶의 經(경)과 緯(위)라고 할 수 있는 효도・공경・충성・신의・예절・의리・청렴・수치에 힘쓸 것을 訓戒(훈계)하였던 것이다.

맹자는 "나라의 근본은 가정에 있으며, 가정의 근본은 개인의 한 몸에 있다."고 했다. 개인과 가정, 사회와 국가는 모두 상호 공존하며, 그 출발점은 개인의 내적 修身(수신)에서 비롯된다. 강석덕이 자제에게 전수한 말은 모두 개인의 수신을 강조한 것으로, 사람이면 누구나 행해야 할 기본 要素(요소)이자 법도인 것이다.

---

5) 강석덕(姜碩德) (1395~1459) : 본관 진주(晋州). 자 자명(子明). 호 완역재(玩易齋). 시호 대민(戴敏). 음보(蔭補)로 계성전직(啓聖殿直)이 된 후 양근군지사(楊根郡知事)가 되었다. 이어 집의(執義)를 거쳐 1416년 공조좌랑이 되었다. 1423년(세종 5) 우부승지, 1444년 호조참판, 이듬해 대사헌에 이르렀다. 1448년 개성부유수(開城府留守)가 되었으며, 뒤에 돈령부지사(敦寧府知事)에 이르렀다. 시와 글씨에 능하였으며, 문집에 《완역재집(玩易齋集)》 등이 있다.

교육편 67

## ❶ 한자어 풀이

- 富貴榮達(부귀영달) : 재산이 많고 지위가 높아 출세함.
- 恭敬(공경) : 공손히 섬김.
- 忠誠(충성) : 진정에서 우러나는 정성.
- 淸廉(청렴) : 성품이 고결하고 탐욕이 없음.
- 羞恥(수치) : 부끄러움.
- 渴求(갈구) : 갈망하여 구함.
- 孝悌(효제) : 효도와 우애. 효우.
- 要素(요소) : 사물의 성립·효력 등에 필요 불가결한 근본적인 요소.
- 修身(수신) : 악을 물리치고 선을 북돋아 심신을 닦는 일.

| 한자 학습 |
|---|
| 啓(열 계) |
| 廉(청렴할 렴) |
| 戒(경계할 계) |
| 緯(씨 위) |
| *碩(클 석) |
| *姜(성 강) |
| *乞(빌 걸) |
| *欽(공경할 흠) |

## ❷ 한자 및 한자어 탐색

| 한자 | 뜻과 음 | | 한자어 연구 |
|---|---|---|---|
| 富 | 부자 | 부 | 富村(부촌) : 부유하게 사는 마을.<br>富強(부강) : 나라가 부유하고 강함. |
| 素 | 바탕 | 소 | 素養(소양) : 평소의 교양.<br>素朴(소박) : 꾸밈이 없이 그대로 임. |
| 孝 | 효도 | 효 | 孝鳥(효조) : 까마귀.<br>孝順(효순) : 효성스럽고 공순함. |
| 敬 | 공경할 | 경 | 敬老(경로) : 노인을 공경함.<br>欽敬(흠경) : 존경하고 사모함. 경모(敬慕). |
| 顔 | 얼굴 | 안 | 顔面(안면) : 얼굴. 낯.<br>顔色(안색) : 얼굴의 기색. |
| 求 | 구할 | 구 | 求職(구직) : 직업이나 직장을 구함.<br>求乞(구걸) : 남에게 돈 따위를 비는 일. |

**심화학습** · 자원 한자 공부

項　顔
　　頁　頭
　　首

| 한자 학습 | 頁(머리 혈)　首(머리 수)　顔(얼굴 안)　項(목 항)　頭(머리 두)<br>頂(정수리 정)　頃(잠깐 경)　煩(괴로워할 번)　頗(자못 파)<br>*頓(조아릴 돈)　*頊(삼갈 욱) |
|---|---|
| 자원 분석 | 頁〔머리〕<br>首〔머리〕<br>顔〔얼굴〕 = 頁〔머리〕 + 彦(음)<br>項〔목〕 = 頁〔머리〕 + 工(음)<br>頭〔머리〕 = 頁〔머리〕 + 豆(음)<br>頂〔꼭대기, 이마, 정수리〕 = 頁〔머리〕 + 丁(음)<br>頃〔잠깐〕 = 匕〔구부리다〕 + 頁〔머리〕<br>煩〔괴롭다〕 = 火〔불〕 + 頁〔머리〕<br>頗〔자못〕 = 頁〔머리〕 + 皮(음)<br>頓〔조아리다〕 = 頁〔머리〕 + 屯(음)　※ 屯(진칠 둔)<br>頊〔삼가하다〕 = 頁〔머리〕 + 玉(음) |

### 3 생활 한자어 활용

- 그는 오래 전부터 나와 顔面이 있는 사이다.
- 국난을 당한 국민들은 뛰어난 首相을 생각한다.
- 영수는 심한 감기 증세로 顔色이 좋지 않아 보였다.
- 교육계의 首長인 그는 이번 교육 정책에 신중함을 보였다.

 생각 키우기

1. 강석덕이 자식을 가르친 훈계(訓戒) 중 실천 가능한 것 하나를 골라 실천 세목을 만들어 봅시다.

2. 여기에서 말하는 수치(羞恥)의 의미를 설명해 보고, 그 예를 찾아 서로 토의해 봅시다.

## 7 돼지 왜 잡는 것입니까?

맹자가 어렸을 때 어머니께 물었다.
"동쪽 집에서 돼지 왜 잡습니까?"
"너 먹이려는 것이다."
어머니는 조금 뒤에 후회하기를, "내가 듣건대, '옛날에 태아를 교육시킴이 있었다.' 지금 막 앎이 있는 자식에게 거짓말을 하면 이는 가르침에 不信(불신)이 된다."고 하고, 이에 돼지고기를 사서 그에게 먹였다. (소학)

**해설 및 보충설명**

맹자 어머니는 '孟母三遷之敎(맹모삼천지교)'로 유명하다. 이 글은 맹자의 어린 시절 한 이야기다. 마을에서 돼지 잡는 소리가 요란하였는데, 궁금했던 그가 어머니께 물으니, 어머니는 갑작스런 질문에 "너 먹이려는 것이다."라 했다. 부모자식 간에 이런 대화는 弄談(농담)삼아 가능할 수도 있다. 그러나 맹자의 어머니는 옛적 胎敎(태교)도 있었는데, 지금 막 앎이 있으려는 자식에게 거짓말을 하면 안 된다고 생각하고, 어려운 가정 형편에도 돼지고기를 사서 먹였다. 어릴 때부터 자녀가 만약 거짓말을 배운다면, 그것도 부모로부터 직접 배운다면, 큰 일이 아닐 수 없다. 현대의 많은 부모들은 이의 심각성을 알지 못하고, 자녀와의 약속을 쉽게 어길 뿐 아니라, 심지어는 자녀가 보는 앞에서 부부 간, 형제 간에 거짓말을 밥 먹듯 하는 경우도 있으니, 이 또한 경계해야 할 일이 아닌가?

## 1 한자어 풀이

- 不信(불신) : 믿지 않음.
- 孟母三遷之敎(맹모삼천지교) : 맹자의 어머니가 맹자를 가르치기 위해 세 번 이사했다는 고사.
- 弄談(농담) : 실없이 하는 웃음의 말.
- 胎敎(태교) : 임신 중에 태아에게 좋은 감화를 주기 위하여 임산부가 마음을 바르게 하고 행동을 삼가는 일, 또는 그 가르침.

> **한자 학습**
> 遷[迁](옮길 천)
> 弄(희롱할 롱)
> 懇(정성 간)
> 臟(창자 장)
> 漫(부질없을 만)
> *胎(아이 밸 태)

## 2 한자 및 한자어 탐색

| 한자 | 뜻과 음 | 한자어 연구 |
|---|---|---|
| 母 | 어머니 모 | 母國(모국) : 출생하고 자란 나라.<br>母體(모체) : 어머니의 몸. 근본이 되는 사물. |
| 三 | 석 삼 | 三公(삼공) : 삼 정승.<br>再三(재삼) : 여러 번 되풀이하여 함. |
| 敎 | 가르칠 교<br>↔배울 학(學) | 敎育(교육) : 가르쳐 기름.<br>敎化(교화) : 가르쳐서 감화하게 함. |
| 談 | 말씀 담 | 懇談(간담) : 마음을 털어 놓고 정답게 이야기함.<br>漫談(만담) : 듣는 사람을 웃기거나 재미있게 해 주려고 하는 우스운 이야기. |
| 內 | 안 내<br>↔바깥 외(外) | 內陸(내륙) : 바다에서 멀리 떨어진 육지.<br>內臟(내장) : 가슴 속과 배 속에 있는 여러 기관의 총칭. |
| 容 | 얼굴 용 | 容器(용기) : 물건을 담는 그릇.<br>容量(용량) : 그릇에 넣을 수 있는 분량. |

**심화학습**

**자원 한자 공부**

談  信言說  訓

| 한자 학습 | 談(말씀 담)  說(말씀 설)  信(믿을 신)  訓(가르칠 훈)  譜(계보 보)<br>詞(말 사)  詳(자상할 상)  訟(송사할 송)  訂(바로잡을 정)<br>該(갖출 해) |
|---|---|
| 자원 분석 | 言〔말하다〕<br>談〔이야기하다〕 = 言〔말하다〕 + 炎 음<br>信〔믿다〕 = 人〔사람〕 + 言〔말하다〕<br>說〔말하다〕 = 言〔말하다〕 + 兌〔←悅〕 음<br>訓〔가르치다〕 = 言〔말하다〕 + 川 음<br>譜〔계보, 악보〕 = 言〔말하다〕 + 普 음<br>詞〔말〕 = 言〔말하다〕 + 司 음<br>訟〔송사하다〕 = 言〔말하다〕 + 公 음<br>訂〔바로잡다〕 = 言〔말하다〕 + 丁 음<br>該〔해당하다, 갖추다〕 = 言〔말하다〕 + 亥 음 |

### ③ 생활 한자어 활용

- 나는 진로 문제로 선생님과 相談을 했다.
- 이것은 내가 眞談으로 하는 말이니 잘 새겨들어라.
- 양국 정상이 座談을 나누고 있는 모습이 방영되었다.
- 오늘 대통령께서 국난 타개를 위한 주요 談話文을 발표하였다.

 생각 키우기

1. 맹자의 집은 매우 가난했지만, 그 어머니가 돼지고기를 사서 맹자에게 먹인 까닭은 무엇일까요?

2. 부모가 자녀에게 간혹 거짓말을 한다면, 그 자녀는 어떤 생각을 하게 될까요?

교육편

## 8 하인을 볼기치고 아전을 옥에 가두다

黃喜(황희)가 首相(수상)으로 있을 때, 金宗瑞(김종서)⁶⁾는 병조판서, 호조판서로 있었다. 황희는 김종서가 한 가지라도 잘못이 있으면 그를 매우 엄하게 꾸짖었으며, 혹 그 하인의 볼기를 치기도 하고, 혹은 衙前(아전)을 옥에 가두기도 하였다. 이 때문에 김종서 역시 매우 곤란한 일을 겪기도 했다. 하루는 孟思誠(맹사성)이 그에게 물었다.

"김종서는 오늘날 이름 있는 大臣(대신)인데, 공은 어찌하여 그를 對(대)함이 그리 심하오?"

"이는 김종서를 훌륭하게 만들려는 것이다. 그는 성품이 진취적이고 기운이 날카로우며, 일처리를 과감히 하므로 뒷날 나와 같은 벼슬자리에 있게 될 텐데, 일을 신중히 하지 않으면 잘못할 게 뻔하다. 그래서 그 기운을 꺾어 놓고, 뜻을 가다듬어 겸손한 마음을 가지게 하며, 모든 일에 임해 경솔히 하지 않도록 하는 것이 나의 뜻이오, 서로 꺼리려는 것이 아니다."

황희는 나이가 많아 벼슬에서 물러날 때, 김종서를 추천하여 자기를 대신하게 하였다.

(성옹식소록)

> **해설 및 보충설명**
> "사람을 가르칠 때는 마땅히 그 잘못된 점을 가르친다(教人 當敎其所短)."라 했다. 남의 잘못을 보고도 이를 默過(묵과)하거나, 傍觀(방관)하는 태도는 진정한 지식인의 양심적 행동은 아니다. 황희는 김종서가 잘못을 했을 경우 그만은 매우 심히 꾸짖었다. 속담에 "미운 자식 떡 하나 더 주고, 고운 자식 매 한 대 더 준다."고 했다. 훌륭한 인재를 잘 키워 장차 국가적 소임을 그에게 맡기려던 황희의 충정어린 사랑이 아니었다면, 그토록 서로 困難(곤란)한 상황을 만들면서까지 그 일을 추진하지는 않았을 것이다. 세종대왕이 국정에 몰두하며 前無後無(전무후무)한 공적을 남길 수 있었던 것도, 황희처럼 忠直(충직)한 정승들이 있었기에 가능하지 않았을까?

---

6) 김종서(金宗瑞) (1390~1453) : 조선 전기의 문신. 본관 순천(順天). 호 절재(節齋). 시호 충익(忠翼). 1405년(태종 5) 문과에 급제, 1419년(세종 1) 사간원우정언(司諫院右正言)으로 등용되고, 1450년 좌찬성(左贊成), 다음해 우의정에 올랐다. 세종의 뒤를 이은 문종이 재위 2년 만에 죽자 12세의 단종(端宗)을 보필하였으며, 대호(大虎)라는 별호까지 붙은 지용(智勇)을 겸비한 명신(名臣)이었으나, 왕위를 노리던 수양대군(世祖)에 의하여 격살(擊殺)되었다.

## ❶ 한자어 풀이

> **한자 학습**
> 默(잠잠할 묵)
> 肯(인정할 긍)
> 點[奌](점 점)
> 程(한도 정)
> 丘(언덕 구)
> 批(칠, 비판할 비)
> *昊(하늘 호)

- 首相(수상) : 영의정. 내각의 우두머리.
- 衙前(아전) : 조선 시대에, 중앙과 지방의 관아에 속한 벼슬아치. 중앙 관서의 아전을 경아전(京衙前), 지방 관서의 아전을 외아전(外衙前)이라고 하였음. 서리(胥吏).
- 大臣(대신) : 의정(議政)의 총칭. 군주 국가에서의 장관의 호칭.
- 默過(묵과) : 묵묵히 지냄. 모르는 체 넘겨 버림.
- 傍觀(방관) : 상관하지 않고 옆에서 보고만 있음.
- 前無後無(전무후무) : 과거에도 앞으로도 없음.
- 忠直(충직) : 성실하고 정직함.

## ❷ 한자 및 한자어 탐색

| 한자 | 뜻과 음 | 한자어 연구 |
|---|---|---|
| 首 | 머리 수<br>↔꼬리 미(尾) | 丘首(구수) : 고향을 못 잊어 함.<br>首肯(수긍) : 옳다고 인정하여 머리를 끄덕거림. |
| 前 | 앞 전<br>↔뒤 후(後) | 前程(전정) : 앞길. 앞으로 살아갈 길.<br>前例(전례) : 이전에 이미 있던 사례. |
| 喜 | 기쁠 희<br>↔슬플 비(悲)<br>↔성낼 노(怒) | 喜劇(희극) : 웃음거리 연극.<br>喜色(희색) : 기쁜 듯이 보이는 얼굴빛.<br>歡喜(환희) : 즐거워 기뻐함. 또는 큰 기쁨. |
| 過 | 지날 과 | 過去(과거) : 지나간 때.<br>過失(과실) : 실수나 부주의 등으로 생긴 잘못. |
| 觀<br>[観,观,视] | 볼 관 | 觀望(관망) : 형세 따위를 넌지시 바라봄.<br>觀點(관점) : 사물을 관찰할 때 생각하는 각도.<br>客觀(객관) : 어떤 일에 직접 관계가 없는 제삼자. |
| 難 | 어려울 난<br>↔쉬울 이(易) | 批難(비난) : 좋지 못한 점을 꾸짖어 나무람.<br>困難(곤란) : 사정이나 형편이 힘들고 어려움. |

**심화학습**

**자원 한자 공부**

觀　勸/雚/歡　權

| 한자 학습 | 觀(볼 관)　勸(권할 권)　權(권세 권)　歡(기쁠 환)　雚(황새 관) |
|---|---|
| 자원 분석 | 雚〔황새〕<br>觀〔보다〕 = 見〔보다〕 + 雚〔음〕<br>勸〔권하다〕 = 力〔힘쓰다〕 + 雚〔음〕<br>歡〔기쁘다〕 = 欠〔입을 벌리다, 하품〕 + 雚〔음〕<br>權〔권세, 저울〕 = 木〔나무, 저울대〕 + 雚〔음〕 |

### ❸ 생활 한자어 활용

- 그 영화를 보기 위해 많은 觀客들이 몰려들었다.
- 우리 가족은 이번 여름에 금강산 觀光을 다녀왔다.
- 평가는 主觀에 치우치지 않도록 공정하게 이루어져야 한다.
- 다른 학교에서 오신 선생님들이 오늘 우리 반 수업을 參觀하셨다.

### ❹ 주요 성어 탐색

- 昊天罔極(호천망극) : 하늘이 넓고 크며 끝이 없음과 같이, '부모의 은혜가 넓고 커서 다함이 없음'을 이르는 말.
- 破天荒(파천황) : 중국 당나라 형주(荊州)는 진사 합격자가 없어 천황(天荒)의 땅이라 불렸는데, '유세(劉蛻)'라는 사람이 처음으로 합격하여 '천황'을 깨뜨렸다는 데서, 이전에 아무도 하지 못한 일을 처음으로 함. 전대미문(前代未聞)의 일을 함.

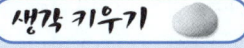

1. 황희가 김종서만을 유독 엄하게 꾸짖은 이유는 무엇이라고 생각됩니까?
2. 김종서는 자기 하인과 아전이 황희에게 꾸지람을 당할 때 무슨 생각을 했을까요?

## 9 좋은 약은 입에 쓰다

좋은 약은 입에는 쓰지만 병에는 이롭고, 충고하는 말은 귀에 거슬리나 행실에는 이롭다 (良藥苦於口而利於病 忠言逆於耳而利於行). 殷(은)나라의 湯王(탕왕)은 곧은 말 하는 충신이 있었기에 번창했고, 夏(하)나라 桀王(걸왕)과 殷(은)나라 紂王(주왕)은 무조건 따르는 신하들이 있었기 때문에 멸망했다. (공자가어)

**해설 및 보충설명**

사람들은 좋은 약이 입에는 쓰지만 몸에 좋은 줄은 알고, 충고해 주는 말이 귀에 거슬리나 자기의 행실에 도움이 되는 줄은 안다. 그러나 이를 지식으로만 알 뿐 실천으로 옮기기를 꺼려 하는 경우가 많다. 이는 알지 못하여 무지함을 보이는 것과 크게 다를 바 없다. 일반적으로 직위나 학력 수준이 높을수록 남의 말이나 의견을 잘 수용하지 않으려 한다. 특히 전제 왕정시대 왕들은 절대 권력을 믿고 신하나 백성들의 충간을 경솔히 했다. 여기에서는 충신의 말을 잘 수용한 탕왕과 그렇지 않은 걸왕과 주왕을 대비하여 말하고 있는데, 우리는 자기 발전을 위해 겸손한 마음으로 남의 말에 좀 더 귀 기울이는 적극적인 자세를 가져야 하지 않을까?

## ❶ 한자어 풀이

- 良藥(양약) : 좋은 약.
- 苦於口(고어구) : 입에는 쓰다.
- 利於病(이어병) : 병에는 이롭다.
- 忠言(충언) : 바르게 타이르는 말. 진심으로 나오는 말.
- 逆於耳(역어이) : 귀에 거슬리다.
- 利於行(이어행) : 행실에는 이롭다.

> **한자 학습**
> 丸(알, 둥글 환)
> 惱[恼](괴로워할 뇌)
> 吐(토할 토)
> *桀(이름 걸)
> *痲(저릴 마)

## ❷ 한자 및 한자어 탐색

| 한자 | 뜻과 음 | 한자어 연구 |
|---|---|---|
| 良 | 어질 량 | 良民(양민) : 선량한 백성.<br>良順(양순) : 착하고 온순함. |
| 藥[薬] | 약 약 | 丸藥(환약) : 알약.<br>痲藥(마약) : 마취나 환각 등을 일으키며, 여러 번 쓰면 중독이 되어 끊기 어려운 약물. 아편·필로폰 따위. |
| 苦 | 괴로울 고<br>↔즐거울 락(樂) | 苦惱(고뇌) : 몹시 괴로움.<br>苦悶(고민) : 괴로워하고 애를 태움. |
| 耳 | 귀 이 | 耳語(이어) : 귓속말.<br>耳順(이순) : 예순 살. 남의 말을 이해할 수 있는 나이. |
| 口 | 입 구 | 口吐(구토) : 입으로 토함.<br>口傳(구전) : 입으로 전하는 것. |
| 夏 | 여름 하 | 夏期(하기) : 여름철.<br>夏至(하지) : 절기의 하나로 일년 중 낮이 가장 길고 밤이 짧음. 6월 22일경. |

### 심화학습

**부수 공부**

艸(풀 초)·艹(초두)

'艸' 자는 두 포기의 풀 모양에서 이루어진 글자이며, '艹'는 다른 글자와 합쳐질 때 항상 글자의 상부에 쓰이므로 머리를 뜻하는 한자 '頭(머리 두)'의 음을 빌어 '초두'라 한다.

| 한자 학습 | 苦(쓸 고)    藥(약 약)    花(꽃 화) |
|---|---|
| 성어 학습 | 苦盡甘來(고진감래) : 괴로움이 다하면 즐거움이 옴. 고생 끝에 낙이 옴.<br>藥房甘草(약방감초) : 한방에 꼭 들어가는 약재인 감초처럼, 어떤 일에 빠짐없이 끼어드는 사람이나 물건을 이르는 말. |

### ❸ 생활 한자어 활용

- 아버지께서는 藥酒를 즐겨 드신다.
- 藥局에서는 처방전에 따라 약을 조제한다.
- 상품을 오래 보관하기 위해 때로는 藥品을 처리하기도 한다.
- 약방에서는 환자가 먹기에 편리하도록 둥근 모양의 丸藥을 팔기도 한다.

### ❹ 주요 성어 탐색

- 表裏不同(표리부동) : 겉과 속이 다름.
- 膏粱珍味(고량진미) : 기름진 고기와 맛있는 좋은 곡식으로 만든 음식.
- 高談峻論(고담준론) : 고상하고 준엄한 이야기. 남의 이목에는 아랑곳하지 않고 고고한 척하는 이야기.

**생각 키우기**

1. 충고하는 말이 귀에 거슬릴 경우, 어떻게 행동하는 것이 지혜로운 일인지 생각해 봅시다.
2. 남으로부터 자기의 단점을 듣고, 이를 고치기 위해 여러분은 어떤 노력을 하고 있습니까?

교육편

# 10 소 한 마리 끌고 가게나

　조선 시대 曹植(조식)⁷⁾ 선생은 어느 날 제자 鄭琢(정탁)⁸⁾이 作別(작별) 인사를 할 때, "내 집 우리에 소 한 마리 있는데 끌고 가게나."라 하였다. 이에 정탁은 스승이 무슨 연유에서 이 같이 말하는지 몰라 어리둥절했다. 왜냐하면 실제 스승 집에는 우리에 매어 놓은 소가 없기 때문이고, 자기가 소를 상으로 받을 만한 善行(선행)을 한 일도 없기 때문이었다. 잠시 후 스승은 웃으며, "그대는 辭氣(사기; 말씨)가 매우 총명하고 예민하다. 날랜 말은 넘어지기 쉬운 법이므로, 더디고 둔한 것을 참작하여 비로소 능히 멀리 갈 수 있는 소를 준 것이다."라 하였다. 후일 정탁은 "수십 년을 내가 大過(대과) 없이 지낼 수 있었던 것은 스승이 주신 마음의 소 덕택이었다."라 했다. 〈남명집〉

**해설 및 보충설명**

　남명 조식은 조선 명종 때, 여러 차례 國王(국왕)의 부름에도 벼슬에 나가지 않고, 재야 선비로서 일생을 마친 사람이다. 그는 지조와 신념을 지키며 사회 개혁을 부르짖은 조선의 대학자이자 교육자로, 제자들에게 늘, "선비의 큰 절개는 오직 出處(출처) 하나에 달려 있다."고 力說(역설)하였다. 그는 제자 정탁이 학업을 마치고 작별 인사를 할 때, 그에게 '더디고 둔한 마음의 소'를 선물하였다. 여기에서 우리는 스승의 참모습이 무엇인지를 볼 수 있으며, 또 학문과 윤리로 무장한 옛 선비들의 대쪽 같은 淸風(청풍)을 느낄 수 있다.

---

7) 조식(曺植) (1501~1572) : 조선 중기의 학자. 호 남명(南冥). 시호 문정(文貞). 곽재우(郭再祐)는 그의 문인. 저서 및 문집으로는 《남명집》과 그가 독서 중 차기(箚記) 형식으로 남긴 《학기유편(學記類編)》이 있고, 작품으로 《남명가》《권선지로가(勸善指路歌)》 등이 있다.
8) 정탁(鄭琢) (1526~1605) : 본관 청주(淸州). 호 약포(藥圃)·백곡(栢谷). 시호 정간(貞簡). 남명의 문하생. 1552년(명종 7) 사마시(司馬試)를 거쳐 1558년 식년문과(式年文科) 병과에 급제한 뒤 정언(正言)·헌납(獻納)을 거쳐 1568년(선조 1) 교리 겸 춘추관기주관(校理兼春秋館記注官)이 되어 《명종실록(明宗實錄)》 편찬에 참여하였다. 문집에 《약포문집》 저서에 《용만문견록(龍灣聞見錄)》 등이 있다.

## ① 한자어 풀이

- 作別(작별) : 서로 이별함.
- 善行(선행) : 착한 행실.
- 辭氣(사기) : 마음이 겉으로 나타난 말이나 표정. 사색(辭色).
- 大過(대과) : 큰 허물.
- 國王(국왕) : 임금.
- 出處(출처) : 세상에 나서는 일과 집안에서 생활하는 일. 어떤 일을 선택하는 행위.
- 力說(역설) : 극력 주장함. 다짐을 주어 말함.
- 淸風(청풍) : 맑은 바람. 맑고 청렴한 모습.

| 한자 학습 |
|---|
| 辭[辞](말 사) |
| 琢(쫄 탁) |
| 局(판, 재능 국) |
| 底(밑 저) |
| 派(갈래 파) |
| *灣(물굽이 만) |
| *祐(복 우) |
| *鄭(성 정) |
| *曺(성 조) |
| *甄(살필 견) |
| *后(왕후 후) |

## ② 한자 및 한자어 탐색

| 한자 | 뜻과 음 | 한자어 연구 |
|---|---|---|
| 作 | 지을 작 | 作品(작품) : 예술 활동으로 만든 것.<br>作物(작물) : 논밭에서 재배하는 식물. |
| 別 | 나눌 별<br>↔만날 봉(逢) | 派別(파별) : 흩어져 헤어짐. 갈래를 나누어 가름.<br>甄別(견별) : 뚜렷이 분별함. 성적에 따라 우열을 가림. |
| 善 | 착할 선<br>↔악할 악(惡) | 善心(선심) : 착한 마음.<br>善良(선량) : 착하고 어짊. |
| 行 | 다닐 행 | 行樂(행락) : 잘 놂. 즐겁게 지냄.<br>行方(행방) : 어떤 사람이 간 곳이나 있는 곳. |
| 王 | 임금 왕 | 王權(왕권) : 임금이 가진 권력.<br>王后(왕후) : 임금의 아내. 왕비(王妃). |
| 力 | 힘 력 | 局力(국력) : 재주와 슬기의 힘.<br>底力(저력) : 밑바탕에서 나오는 강한 힘. |

**심화학습**

### 자원 한자 공부

協　功　男
　　力
　　加

| 한자 학습 | 力(힘 력)　加(더할 가)　男(사내 남)　功(공 공)　協(합할 협)<br>勵[励](권면할 려)　努(힘쓸 노) |
|---|---|
| 자원 분석 | 力〔근육 모양〕<br>功〔공〕 = 力〔힘〕 + 工〔음〕<br>加〔더하다〕 = 口〔말〕 + 力〔힘〕<br>男〔남자〕 = 田〔밭〕 + 力〔힘〕<br>協〔합하다〕 = 十〔여러〕 + 劦(힘을 합함)<br>勵〔권하다〕 = 力〔힘〕 + 厲〔음〕 |

### ③ 생활 한자어 활용

- 조선 중엽 國力이 약해진 틈을 타 왜적이 침입하였다.
- 우리 선수들은 국가의 명예를 걸고 死力을 다해 싸웠다.
- 평소 꾸준히 努力한 덕택에 수석 졸업의 영광을 안았다.
- 뉴턴은 사과가 重力의 작용으로 땅에 떨어진다는 사실을 발견했다.

### ④ 주요 성어 탐색

- 孤城落日(고성낙일) : 외로운 성에서 지는 해를 바라봄. 남의 도움 없이 고립된 상태.
- 鼓腹擊壤(고복격양) : 배를 두드리고 발로 땅을 구르며 흥겹게 노래 부름이란 뜻으로, 태평성대를 이르는 말.

**생각 키우기**

1. 조식은 제자 정탁에게 왜 소를 끌고 가라고 했을까요?
2. 정탁은 스승의 말을 듣고 어떤 행동의 변화를 보였을지 생각해 봅시다.

## 11 탐내지 않는 것을 보물로 여기다

宋(송)나라 사람이 玉(옥)을 얻어서 司城(사성) 子罕(자한)에게 바치니, 자한이 받지 않았다. 이에 옥을 바친 사람이 말했다.

"이것을 옥 鑑定家(감정가)에 보여 주니, 보배라 했습니다."

"나는 탐내지 않는 것을 보물로 여기고, 너는 옥을 寶物(보물)로 여긴다. 만약 나에게 그것을 준다면 모두 보물을 잃는 것이니, 사람마다 자기의 보물을 所有(소유)는 것만 못하다."(좌씨춘추)

**해설 및 보충설명**

송나라 사람이 자한에게 좋은 옥을 바쳤으나, 그는 받지 않았다. 그 이유는 탐내지 않는 無慾(무욕)을 보배로 여기기 때문이다. 사람은 각기 추구하는 가치 기준이 있으며, 보배롭게 여기는 물건 또한 세속의 잣대로 평가할 수 없는 그 무엇이 存在(존재)한다. 한 개인의 일방적 척도로 상대를 강요해서는 안 되며, 아무리 좋은 보옥이라도 사람에 따라 생각을 달리 할 수 있음도 알아야 한다. 이 글의 자한이 간직한 무욕의 보물은 값으로 評價(평가)할 수 없는 매우 고귀한 것으로, 진정한 선비가 아니면 소유할 수 없는 寶玉(보옥)인 것이다.

## 1 한자어 풀이

- 寶物(보물) : 보배로운 물건.
- 所有(소유) : 자기의 물건으로서 가짐. 또는 그 물건.
- 無慾(무욕) : 욕심이 아주 적음.
- 存在(존재) : 현존하여 있는 것.
- 評價(평가) : 선악미추(善惡美醜)의 가치를 논정함. 또는 그 가치.
- 寶玉(보옥) : 보석.

| 한자 학습 |
| --- |
| 評(품평할 평) |
| 潛(잠길 잠) |
| 恥(부끄러울 치) |
| 荷(짐 하) |
| 貢(바칠 공) |
| 遍(두루 편) |
| *哨(망볼 초) |
| *彌(두루, 미륵 미) |

## 2 한자 및 한자어 탐색

| 한자 | 뜻과 음 | 한자어 연구 |
| --- | --- | --- |
| 物 | 물건 물<br>↔마음 심(心) | 荷物(하물) : 짐. 짐 꾸러미.<br>貢物(공물) : 궁중이나 나라에 바치는 물건. |
| 所 | 바 소 | 哨所(초소) : 망을 보는 곳.<br>所見(소견) : 사물을 보고 생각한 바의 것. |
| 無 | 없을 무 | 無窮(무궁) : 끝이 없음.<br>無恥(무치) : 부끄러움이 없음. |
| 存 | 있을 존<br>↔망할 망(亡)<br>↔폐할 폐(廢) | 存立(존립) : 생존하여 있음.<br>存續(존속) : 그대로 계속하여 있음.<br>存心(존심) : 마음에 두고 잊지 아니함. 택심(宅心). 처심(處心). |
| 在 | 있을 재 | 遍在(편재) : 두루 퍼져 있음.<br>潛在(잠재) : 겉으로 들어나지 않고 숨어 있음. |
| 價<br>[价] | 값 가 | 物價(물가) : 물건의 가격.<br>價格(가격) : 화폐로 나타낸 상품의 교환 가치. |

**심화학습**

**자원 한자 공부**

價　賣買　績
　　　賈

| 한자 학습 | 買(살 매)　賣(팔 매)　價(값 가)　績(이을 속)　*賈(장사 고, 성 가) |
|---|---|
| 자원 분석 | 買〔사다〕 = 罒〔←网 망태기, 그물망〕 + 貝〔물건 값〕<br>賣〔팔다〕 = 士〔←出 내놓음〕 + 買 음<br>價〔값〕 = 人〔사람〕 + 賈 음<br>績〔잇다〕 = 糸〔실〕 + 賣 음<br>賈〔장사〕 = 貝〔상품〕 + 襾 음 |

### ③ 생활 한자어 활용

- 명절을 앞두고 채소와 과일 *價格*이 갑자기 폭등하였다.
- 물질적 풍요만을 가지고 진정한 삶의 *價値*를 논할 수 없다.
- 조금이라도 *低價*에 구입하고자 상점주인과 흥정을 벌였다.
- 부도 상품을 *原價*에 판다는 광고물이 여기저기 붙어 있었다.

### ④ 주요 성어 탐색

- 姑息之計(고식지계) : 근본적인 해결책이 아닌 일시적인 계책. 彌縫策(미봉책).
- 風前燈火(풍전등화) : 바람 앞의 등불이라는 뜻으로, 존망이 달린 매우 위급한 처지.
- 高枕安眠(고침안면) : 베개를 높이고 편안히 잠을 자다의 뜻으로, 근심 없이 편안히 잘 지냄.

 **생각 키우기**

1. 탐내지 않는 것을 보물로 여기는 사람과 값비싼 것을 보물로 여기는 사람의 차이점에 대해 생각해 봅시다.

2. "이익을 보면 의(義)를 생각해야 한다(見利思義)."고 했는데, 여러분은 의(義)와 이(利) 중 어느 것을 더 소중히 여깁니까?

## 12 남의 단점을 말하지 않다

옛적 황희 정승이 아직 벼슬하지 않았던 時節(시절)에 여행을 하던 중, 길가에 쉬다가 농부가 두 소에 멍에를 메워 밭갈이하는 것을 보고, "두 마리 소 중에서 어느 것이 낫습니까?"라 물었다. 農夫(농부)는 對答(대답)하지 않고 밭갈이를 멈추고 와 귀에 대고 "이쪽 소가 낫습니다."라 했다. 공은 이를 이상하게 여겨, "무엇 때문에 귀에 대고 말하십니까?"라 하니, 농부는 "비록 기르는 짐승이지만 그 마음은 사람과 같습니다. 이쪽이 나으면 저쪽이 못한 것이니, 만일 소가 이 말을 듣게 된다면, 어찌 불평하는 마음이 없겠습니까?"라 하였다. 공은 이에 크게 깨달아, 다시는 남의 장단점을 말하지 않았다 한다. (지봉유설)

**해설 및 보충설명**

사람들은 남이 자기를 비방하거나 그 단점 말하는 것을 매우 싫어한다. 반면 남의 하찮은 일에 끼어들기도 하며, 심지어 없는 말까지 만드는 철부지 같은 행동을 하기도 한다. 입은 곧 마음의 문이므로, 그 지킴을 엄하게 하지 않으면 자기의 眞機(진기)가 모두 밖으로 새어나오게 될 뿐 아니라, 禍機(화기)의 단서가 된다. 즉 입을 잘 看守(간수)하지 않으면, 마음속의 기밀이 모두 밖으로 새어나와 자기의 약점이 노출될 수 있으며, 또 좋지 않은 일과 관련되어 不和(불화)의 온실이 되기도 한다. 그러므로 지혜로운 사람은 입 조심하기를 마치 병마개 막듯이 하며, 황희처럼 不言長短(불언장단)의 태도를 취한다.

## 1 한자어 풀이

> 한자 학습
> 贈(줄, 보낼 증)

- 時節(시절) : 철. 때. 기회.
- 農夫(농부) : 농사를 업으로 하는 사람.
- 對答(대답) : 물음에 대하여 자기의 뜻을 나타냄.
- 眞機(진기) : 함부로 드러내지 못할 중요한 일.
- 禍機(화기) : 화변(禍變)이 숨어 있는 기틀.
- 看守(간수) : 보살피고 지킴.
- 不和(불화) : 사이가 좋지 못함.
- 不言長短(불언장단) : 남의 장단점(長短點)을 함부로 말하지 않음.

## 2 한자 및 한자어 탐색

| 한자 | 뜻과 음 | 한자어 연구 |
|---|---|---|
| 時 | 때 시 | 時刻(시각) : 시간의 한 점.<br>時流(시류) : 당시의 풍조. |
| 農 | 농사 농 | 農耕(농경) : 땅을 갈아 농사를 지음.<br>農場(농장) : 농사 지을 땅과 여러 시설을 갖춘 곳. |
| 夫 | 사내 부<br>↔아내 부(婦)<br>↔아내 처(妻) | 夫婦(부부) : 남편과 아내.<br>夫人(부인) : 남의 아내의 높임말.<br>匹夫(필부) : 한 사람의 남자. 하찮은 남자. |
| 對[対] | 대답할 대 | 贈答(증답) : 선물을 주고받고 하는 일.<br>對決(대결) : 양자가 맞서서 우열을 겨룸. |
| 答 | 대답할 답 | 答禮(답례) : 받은 예를 갚는 일.<br>答書(답서) : 받은 편지에 대한 회답 편지. |
| 眞[真] | 참 진<br>↔거짓 위(僞)<br>↔거짓 가(假) | 眞談(진담) : 참말. 거짓 없는 말.<br>眞實(진실) : 거짓이 없는 참된 사실.<br>眞儒(진유) : 참되게 유도(儒道)를 체득한 선비. |

**심화학습**

### 자원 한자 공부

鎭
愼  眞  顚
　　嗔

| 한자 학습 | 眞(참 진)　愼(삼갈 신)　鎭(진압할 진)　顚(넘어질 전)　嗔(성낼 진) |
|---|---|
| 자원 분석 | 眞〔참〕<br>愼〔삼가하다〕 = 忄〔←心 마음〕+ 眞 음<br>鎭〔진압하다〕 = 金〔큰 쇳덩이〕+ 眞 음<br>顚〔넘어지다〕 = 頁〔머리〕+ 眞 음 |

### 부수 공부

大(큰 대)

| 한자 학습 | 央(가운데 앙)　契(맺을 계)　奈(어찌 내, 지옥 나)　奔(달아날 분) |
|---|---|
| 성어 학습 | 中央(중앙) : 사방에서 한가운데가 되는 곳.<br>契約(계약) : 사람과 사람 사이의 약속.<br>奈落(나락) : 불교에서 말하는 지옥.<br>奔走(분주) : 몹시 바쁨. |

### ③ 생활 한자어 활용

- 평범한 생활 속에서 眞理를 찾아야 한다.
- 그는 눈물을 흘리며 자기 잘못을 眞情으로 뉘우쳤다.
- 그는 공부보다 예능 분야에서 자기의 眞價를 발휘했다.
- 고흐의 작품으로 알려진 그 그림은 감정 결과 眞品이 아닌 것으로 판정되었다.

 생각 키우기

1. 농부가 밭갈이를 그만두고 작은 목소리로 황희의 귀에 대고 말한 까닭은 무엇일까요?

2. "남의 단점을 말하지 말라."는 격언을 실천하고자 할 때, 어떤 좋은 방법이 있을지 이야기해 봅시다.

교육편

# 종합 정리(교육)

**자원 한자 공부**

熹  嬉喜禧  憙

| 한자 학습 | 喜(기쁠 희)  *嬉(즐길 희)  *熹(아름다울 희)  *憙(기뻐할 희)  *禧(복 희)<br>嘻(웃을 희)  僖(기쁠 희)  ※熹 = 熺. |
|---|---|
| 자원 분석 | 喜[기쁘다, 좋아하다] = 壴[악기] + 口[입]<br>嬉[즐기다, 놀다] = 女[여자] + 喜(음)<br>熹[아름답다] = 灬[불] + 喜(음)<br>憙[기뻐하다] = 心[마음] + 喜(음)<br>禧[복] = 示[보이다] + 喜(음)<br>嘻[웃다] = 口[입] + 喜(음)<br>僖[기뻐하다] = 亻[사람] + 喜(음) |

球  救求絿  裘

| 한자 학습 | 求(구할 구)  救(구원할 구)  球(공 구)  裘(갖옷 구)  絿(급박할 구) |
|---|---|
| 자원 분석 | 求[구하다, 탐하다]<br>救[구원하다, 건지다] = 攵[치다, 이끌다] + 求(음)<br>球[공] = 王[구슬] + 求(음)<br>裘[갖옷] = 衣[옷] + 求(음)<br>絿[급박하다, 구하다] = 糸[실] + 求(음) |

## ○ 한자 정리

| 단원 차례 | 중학교 한자 | 고등학교 한자 | 부수 한자 | 자원 한자 |
|---|---|---|---|---|
| 1 | 師, 授, 揚, 必, 要, 意 | 執, 疑, 釋 | 手·扌 | |
| 2 | 靑, 問, 氷, 水, 取, 採 | 藍, 靈, 彩, 鹽, 淡 | | 采 |
| 3 | 科, 嚴, 及, 第, 日, 月 | 紫, 健, 禾, 忌, 桐, 普 | 禾 | |
| 4 | 貞, 約, 子, 弟, 白, 潔 | 超, 眉, 縮, 郵, 盟, 拍, 矛, 盾 | 子 | |
| 5 | 金, 乘, 軍, 東, 伐, 刑 | 折, 討, 驅, 鑛, 銅, 叛, 區, 鷗 | 金 | 區 |
| 6 | 富, 素, 孝, 敬, 顔, 求 | 啓, 廉, 戒, 緯, 項, 頃, 煩, 頗 | | 頁 |
| 7 | 母, 三, 敎, 談, 內, 容 | 遷, 弄, 懇, 臟, 漫, 詞, 訟, 訂 | | 言 |
| 8 | 首, 前, 喜, 過, 觀, 難 | 默, 肯, 點, 程, 丘, 批 | | 雚 |
| 9 | 良, 藥, 苦, 耳, 口, 夏 | 丸, 惱, 吐 | 艸·艹 | |
| 10 | 作, 別, 善, 行, 王, 力 | 辭, 琢, 勵, 局, 底, 派, 努 | | 力 |
| 11 | 物, 所, 無, 存, 在, 價 | 評, 潛, 恥, 荷, 貢, 遍 | | 買 |
| 12 | 時, 農, 夫, 對, 答, 眞 | 鎭, 贈, 央, 契, 奈, 奔 | | 眞 |
| 총계 | 72개 | 74개 | 5 | 8 |

## ○ 부수·자원 한자 정리

| 차례 | 부수 한자 | 해당 한자 | 자원 한자 | 해당 한자 |
|---|---|---|---|---|
| 1 | 手·扌 | 手, 授, 揚, 掌, 指 | | |
| 2 | | | 采 | 采, 採, 菜, 彩, 綵 |
| 3 | 禾 | 禾, 科, 秀, 種 | | |
| 4 | 子 | 子, 孫, 字, 孝 | | |
| 5 | 金 | 金, 銀, 銅 | 區 | 區, 驅, 鷗, 歐, 毆 |
| 6 | | | 頁 | 頁, 項, 顔, 頭, 首, 頂, 頃, 煩, 頗 |
| 7 | | | 言 | 信, 談, 訓, 說 |
| 8 | | | 雚 | 雚, 勸, 觀, 權, 歡 |
| 9 | 艸·艹 | 藥, 苦, 花 | | |
| 10 | | | 力 | 力, 功, 協, 男, 加 |
| 11 | | | 買 | 買, 賣, 價, 績, 賈 |
| 12 | | | 眞 | 眞, 鎭, 愼, 顚 |

## ○ 한자능력시험 급수별 한자

| 급 수 | 해당 한자 | 총 수 |
|---|---|---|
| 8급 | 三, 日, 月, 水, 金, 東, 母, 弟, 敎, 軍, 王, 靑, 白 | 13 |
| 7급 | 前, 夏, 所, 孝, 子, 農, 夫, 內, 問, 答, 物, 口, 時, 力 | 14 |
| 6급 | 作, 別, 區, 在, 對, 行, 意, 科, 第, 苦, 藥 | 11 |
| 5급 | 價, 健, 敬, 過, 觀, 局, 談, 無, 良, 氷, 善, 首, 約, 要, 耳, 必, 曜 | 17 |
| 4급 | 潔, 戒, 鑛, 求, 難, 努, 銅, 拍, 伐, 普, 富, 批, 師, 辭, 素, 授, 嚴, 容, 郵, 疑, 底, 折, 點, 程, 存, 眞, 採, 縮, 取, 討, 派, 評, 刑, 喜 | 34 |
| 3급 | 懇, 頃, 啓, 契, 貢, 丘, 驅, 鷗, 及, 肯, 忌, 奈, 惱, 淡, 桐, 藍, 勵, 廉, 靈, 弄, 漫, 盟, 矛, 黙, 眉, 叛, 煩, 奔, 詞, 釋, 訟, 孰, 盾, 乘, 顔, 央, 揚, 鹽, 緯, 紫, 潛, 臟, 訂, 貞, 贈, 鎭, 彩, 遷, 超, 恥, 琢, 吐, 頗, 遍, 荷, 項, 禾, 丸 | 58 |
| 2급 | 桀, 款, 諮, 斬, 胎, 祐, 昊, 雍, 鄭, 鈞, 瑩, 曺, 甄, 屯, 賈, 蕙, 嬉, 鑄, 埃, 遞, 采, 垾, 姜, 箱, 銃, 縫, 崔, 項, 彌, 帽, 禧, 頓, 欽, 后, 遼, 灣 | 36 |
| 총수 | 8급 ~ 2급 | 183 |

# 3. 사랑 편

▼
▼
▼

우리는 남의 도움을 받기도 하고 주기도 한다. 혹 남에게 은혜를 베풀 경우 흔히 남이 이를 알아주거나 보답해 주기를 바란다. 그러나 순수한 동기에서 진실된 마음으로 사랑을 실천할 때, 기쁨과 행복이 더욱 배가 될 수 있음을 알아야 한다.

# 1. 학문을 배워 실행하지 않은 것이 부끄러운 일이다

신라의 強首(강수)는 청년 시절 자기보다 身分(신분)이 賤(천)한 대장간 집 딸과 사귀었다. 나이 20세가 되자 그 父母(부모)는 좋은 집안의 閨秀(규수)와 結婚(결혼)시키려 하였는데, 강수는 이를 拒絶(거절)하며 말했다.

"가난하고 천한 것이 부끄러운 일이 아니오, 학문을 배워 이를 실행하지 않는 것이 참으로 부끄러운 일입니다. 제가 일찍이 듣자오니, '糟糠(조강)의 아내는 버리지 아니하며, 貧賤(빈천)할 때 사귐은 가히 잊지 아니한다.'고 했으니, 賤妾(천첩)이라 할지라도 絶交(절교)하지는 못하겠습니다." 〈삼국사기〉

**해설 및 보충설명**

"구차하고 천할 때부터 함께 고생해 온 아내는 버리지 아니하며, 가난하고 신분이 낮을 때 사귄 친구는 절교하지 않는다."라는 말이 있다. 그러나 사람들은 이를 좋은 문구로만 생각할 뿐 자기와는 별개의 일로 여기는 경향이 많다. 또 과거 가난한 삶과 낮은 신분적 처지나 그 때의 역경과 고생 등은 쉽게 잊어버리려 한다. 강수의 경우는 그렇지 아니하여, 당시의 신분적 차별을 극복하려 노력했고, 이와 관련된 학문의 존중과 그 실천의 중요성을 역설했다. 즉 부모님의 명령을 거절하면서까지 대장간 집 딸과 결혼하려 했으며, 또 이를 사람으로서 지켜야 할 당연한 도리로 생각하였다.

## 1 한자어 풀이

- 身分(신분) : 개인의 사회적인 지위와 계급. 법률상의 일정한 지위.
- 閨秀(규수) : 미혼의 젊은 여자.
- 結婚(결혼) : 시집가고 장가드는 일. 혼인 관계를 맺는 일.
- 拒絶(거절) : 물리쳐서 딱 떼어버림.
- 糟糠(조강) : 술지게미와 쌀겨 따위의 총칭. 옛적 가난한 사람들은 이를 식사 대용으로 먹었음. 전하여 거친 식사, 또는 가난한 살림.
- 貧賤(빈천) : 가난하고 신분이 낮음.
- 絶交(절교) : 서로 사귐을 끊음. 단교(斷交).

**한자 학습**

閨(안방 규)
妾(첩 첩)
麗[麗](고을 려)
需(구할 수)
析(가를 석)
割(나눌 할)
*屍(주검 시)
*呈(드릴 정)
*締(맺을 체)
*泌(분비할 비)
*歪(비뚤 왜)

## 2 한자 및 한자어 탐색

| 한자 | 뜻과 음 | 한자어 연구 |
|---|---|---|
| 身 | 몸 신 | 屍身(시신) : 사람의 죽은 몸.<br>呈身(정신) : 스스로 추천하여 등용해 줄 것을 바람. |
| 分 | 나눌 분 | 分割(분할) : 나눔. 나누어 가짐.<br>分析(분석) : 내용이 복잡하거나 어려운 것을 따져서 밝힘.<br>分泌(분비) : 선세포(線細胞)에서 특유한 성분을 가진 액을 생성 배출하는 일. |
| 父 | 아버지 부<br>↔어미 모(母) | 父親(부친) : 아버지.<br>父兄(부형) : 아버지와 형. |
| 秀 | 빼어날 수 | 秀才(수재) : 학문, 재능이 뛰어난 사람.<br>秀麗(수려) : 경치가 빼어나고 아름다움. |
| 結 | 맺을 결 | 結氷(결빙) : 물이 얼어 붙음.<br>締結(체결) : 얽어서 맺음. 계약이나 조액을 맺음. |
| 婚 | 혼인할 혼 | 婚談(혼담) : 혼인에 대하여 오고가는 말.<br>婚需(혼수) : 결혼을 하기 위해 주로 여자가 장만하는 물건. |

사랑편 93

## 심화학습

**부수 공부**

糸(실사)

'糸'자는 '실'을 뜻하는 글자로, 가느다란 실이 한 타래 묶인 모양에서 비롯되었다. 이는 원래 '가는 실 멱'이란 뜻과 음을 지녔으나, 오늘날에는 '絲'의 속자(俗字)로 흔히 사용되고 있다.

| 한자 학습 | 絲(실 사)   結(맺을 결)   細(가늘 세) |
|---|---|
| 성어 학습 | 結者解之(결자해지) : 맺은 사람이 풀어야 한다는 뜻으로, 일을 저지른 사람이 해결해야 한다는 말. |

### ❸ 생활 한자어 활용

- 오페라는 음악·문학·미술 등이 結合된 예술이다.
- 며칠째 계속되는 폭설과 結氷으로 자동차 운행이 통제되었다.
- 국회에서 이번 교육개혁안에 대해 어떤 結論을 내릴지 주목된다.
- 結婚式은 남자와 여자가 일정한 절차를 거쳐 부부가 됨을 사람들에 공표하는 의식이다.

### ❹ 주요 성어 탐색

- 右往左往(우왕좌왕) : 이리저리로 왔다 갔다 함. 갈팡질팡함.
- 骨肉相殘(골육상잔) : 같은 혈족끼리 서로 다툼. 骨肉相爭(골육상쟁).
- 曲學阿世(곡학아세) : 학문을 왜곡(歪曲)하여 시세(時勢)나 권력자에게 아부함.

### 생각 키우기

1. "가난하고 천한 것이 부끄러운 일이 아니라 학문을 배워 실천하지 않는 것이 부끄러운 일이다."라 했는데, 여러분의 부끄러움에 대한 기준은 무엇인지 말해 봅시다.
2. 어려움을 같이했던 친구가 갑자기 출세하여 여러분을 업신여긴다면, 그에 대해 어떤 생각이 들까요?

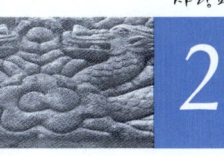

## 2. 형의 손을 붙잡고 소리 내어 울다

퇴계가 8살 때 일이다. 바로 위의 兄(형) 瀣(해)가 칼에 손을 다쳐 피가 흐르는 것을 보고 그는 얼른 달려가 상처 난 형의 손을 붙잡고 소리 내어 울었다. 어머니 박씨가 이 광경을 보고 기이하게 여겨서 물었다.

"정작 손을 다친 형은 울지 않는데 네가 왜 우느냐?"

"형은 나보다 나이가 많아서 울지 않겠지만, 피가 이렇게 흐르는데 어찌 아프지 않겠습니까?" (퇴계 문집)

**해설 및 보충설명**

이 글에서처럼, 퇴계 이황은 어려서부터 성품이 仁慈(인자)했다. 그의 人間愛(인간애) 실천은 여러 글에 자주 보인다. 풍기군수 시절 소수서원에서 제자들을 교육할 때 배순이라는 한 冶工(야공)이 배우기를 좋아했으므로, 그도 함께 공부할 수 있도록 허락하였다. 신분의 귀천이 뚜렷했던 당시에는 감히 상상도 할 수 없는 일이었다.

또 증손자 창양이 출생한 지 6개월 만에 손자며느리가 또 姙娠(임신)하는 바람에 그만 젖이 끊기게 되었다. 그 때 마침 출산한 지 얼마 안 된 여자 종이 있어 그를 서울로 보내어 창양의 乳母(유모)로 삼으려 했다. 이 사실을 안 퇴계는 《근사록》의 말을 인용하며, "내 자식을 살리기 위해 남의 자식을 죽일 수는 없다. 어미가 자식을 키우는 정은 짐승도 마찬가지인데, 학문하는 儒家(유가) 집의 체통으로 차마 어찌 이런 일을 할 수 있느냐!"라 엄히 꾸짖고, 그 계획을 곧 중지시켰다. 그러나 안타깝게도 증손자는 겨울과 봄은 어렵게 넘겼지만 증조부를 보지도 못한 채 5월에 죽고 말았다. 퇴계가 보여 준 인간사랑 정신은 현대인들에게 示唆(시사)해 주는 바가 매우 크다.

## 1 한자어 풀이

- 兄(형) : 형제 사이에 나이가 자기보다 많은 사람.
- 仁慈(인자) : 인후하고 자애함. 인자하고 사랑이 많음.
- 人間愛(인간애) : 사람 사이의 사랑.
- 冶工(야공) : 대장장이. 야장(冶匠).
- 姙娠(임신) : 아이를 배는 일. 잉태(孕胎).
- 乳母(유모) : 어머니 대신 젖을 먹여 길러주는 여자. 젖어머니.
- 儒家(유가) : 유학(儒學)을 공부한 집안.
- 示唆(시사) : 미리 암시하여 알려줌.

**한자 학습**

巧(교묘할 교)
械(기계 계)
範(법 범)
屈(굽힐 굴)
*唆(부추길 사)
*揭(걸, 높이들 게)
*溺(빠질 닉)

## 2 한자 및 한자어 탐색

| 한자 | 뜻과 음 | 한자어 연구 |
|---|---|---|
| 兄 | 맏 형<br>↔아우 제(弟) | 兄夫(형부) : 언니의 남편.<br>義兄(의형) : 의로 맺은 형. |
| 仁 | 어질 인 | 仁兄(인형) : 친구를 높이어 일컫는 말.<br>仁術(인술) : 사람을 살리는 어진 기술. 의술. |
| 慈 | 사랑할 자 | 慈悲(자애) : 사랑하고 가엾게 여김.<br>仁慈(인자) : 마음이 어질고 자애스러움. |
| 愛 | 사랑 애<br>↔미워할 증(憎) | 愛惜(애석) : 사랑하고 아깝게 여김.<br>溺愛(익애) : 흠뻑 빠져 지나치게 귀여워함. 사랑에 빠짐. |
| 工 | 장인 공 | 工巧(공교) : 교묘함. 때나 기회가 우연히 좋거나 나쁨.<br>工作機械(공작기계) : 기계 제작이나 기계 부분을 가공하는 기계. |
| 示 | 보일 시 | 示範(시범) : 본보기로 해 보임.<br>揭示(게시) : 여러 사람들에게 알리거나 보이기 위해 글이나 그림·사진 등을 판이나 벽에 붙임. |

**심화학습**

**자원 한자 공부**

攻　功　貢
　　工
　　江

| 한자 학습 | 工(장인 공)　攻(칠 공)　功(공 공)　江(물 강)　貢(바칠 공) |
|---|---|
| 자원 분석 | 工〔공구, 자〕<br>攻〔치다〕 = 攵〔치다〕 + 工〔음〕　※ ↔ 防(막을 방), 守(지킬 수)<br>功〔공〕 = 力〔힘〕 + 工〔음〕<br>江〔강〕 = 氵〔물〕 + 工〔음〕<br>貢〔공물, 바치다〕 = 貝〔재물, 특산물〕 + 工〔음〕 |

**부수 공부**

人(사람 인)・亻(인변)

| 한자 학습 | 仁(어질 인)　俱(함께, 갖출 구)　企(꾀할 기) |
|---|---|
| 성어 학습 | 俱存(구존) : 고루 갖추어 있음. 어버이가 모두 살아 계심.<br>企劃(기획) : 일을 꾸며 계획함. 기도(企圖). |

### ③ 생활 한자어 활용

- 工夫는 자기의 인생 목표를 성취하기 위한 기본과정이다.
- 우리 집 아파트는 국내 굴지(屈指) 건설회사에서 施工하였다.
- 工業化에 따른 환경오염이 심각한 사회문제로 대두되고 있다.
- 봄부터 시작된 학교 신축 공사는 현재 80퍼센트의 工程을 마쳤다.

  생각 키우기

1. 형의 다친 손을 보고 눈물을 흘린 이황의 모습을 보고, 그는 어떤 사람이라고 생각했습니까?

2. 남의 어려운 일이나 딱한 사정을 보면 어떤 생각이 들었습니까? 만약 여러분이 그런 처지에 있다면, 남들이 어떻게 해주기를 바랄지 생각해 봅시다.

# 3 형님의 명령에 늘 순종하다

　栗谷 李珥(율곡 이이) 선생의 仲兄(중형)은 성품이 평소에 거칠어 일을 처리할 때마다 선생을 불러 시켰다. 선생은 그때마다 그 일을 완수하는 데 조금도 게으름이 없었고, 벼슬이 재상에 이르렀는데도 이 같은 일은 계속되었다. 〈중략〉 어느 날 제자가 율곡에게 말했다.

　"이미 시킬 만한 자제가 있는데, 三達之尊(삼달지존)의 몸으로 너무 지나친 공경이 아닙니까?"

　"부형이 나에게 명령한 것을 어찌 감히 다른 사람으로 대신할 수 있겠는가? 벼슬의 높고 낮음을 논할 것이 없다. 형님이 돌아가신 뒤에 비록 몸소 형님의 일을 보살펴 드리려 해도 뜻대로 될 수 있겠는가?" (국조어휘)

**해설 및 보충설명**　이이 율곡은 조선시대 대학자이자 명재상으로 잘 알려진 인물이다. 그는 10만 양병설을 주장하기도 했으며, 여러 가지 更張論(경장론)을 올려 사회개혁을 역설하기도 했다. 이 글에서 율곡은 그가 재상으로 있었을 때, 가운데 형이 일이 있을 때마다 율곡을 불러 마치 종 부리듯 하였다. 어느 날 그의 제자 한 사람이 이런 光景(광경)을 보고 불만을 토로했지만, 율곡은 "형님이 돌아가신 뒤에는 그 일을 보살펴 드리고 싶어도 할 수 없으니, 벼슬의 높고 낮음을 논할 것이 없이 형님의 命令(명령)을 따르는 게 당연하다."고 말했다. 요즈음 자기의 신분을 남에게 과시하거나 심지어 부모·친척들에게까지 함부로 대하는 사람이 있는데, 율곡의 이 같은 언행은 시대를 뛰어넘는 존경과 사랑의 실천일 것이다.

## 1 한자어 풀이

- 仲兄(중형) : 자기의 둘째 형. 또는 맏형 다음의 형.
- 三達之尊(삼달지존) : 세 가지 존귀한 것, 즉 조정(朝廷)에서는 작위(爵位), 향리(鄕里)에서는 연령, 사회에서는 덕행(德行).
- 更張論(경장론) : 묶은 제도를 고쳐 새롭게 하는 논의.
- 光景(광경) : 상태와 모양. 정경(情景).
- 命令(명령) : 윗사람이 시키는 분부.

**한자 학습**
仲(버금 중)
爵(벼슬 작)
背(물리칠, 등 배)
敍[叙, 敘](펼 서)
拙(졸할 졸)
幽(그윽할 유)
*峽[峡](골짜기 협)

## 2 한자 및 한자어 탐색

| 한자 | 뜻과 음 | | 한자어 연구 |
|---|---|---|---|
| 尊 | 높을 | 존 | 尊貴(존귀) : 높고 귀함.<br>尊敬(존경) : 받들어 공경함. |
| 谷 | 골 | 곡 | 幽谷(유곡) : 깊은 산골. 고요한 골짜기.<br>峽谷(협곡) : 산과 산 사이의 좁고 험한 골짜기. |
| 論 | 말할 | 론 | 拙論(졸론) : 보잘것없는 서투른 언론.<br>論說(논설) : 사물을 평론하고 설명하는 일. |
| 景 | 경치 | 경 | 敍景(서경) : 자연의 경치를 글로 적음.<br>背景(배경) : 뒤의 경치. 무대 뒷벽에 꾸민 경치. |
| 命 | 명령할 | 명 | 命中(명중) : 겨냥한 곳을 맞힘.<br>命題(명제) : 글의 제목을 정함. |
| 令 | 명령할 | 령 | 假令(가령) : 예를 들면. 이를 테면.<br>令夫人(영부인) : 지체 높은 사람의 아내를 일컫는 말. |

사랑편 99

## 심화학습

### 자원 한자 공부

浴  俗/谷/慾  欲

| 한자 학습 | 谷(골 곡)  俗(풍속 속)  浴(목욕할 욕)  欲(하고자할 욕)  慾(욕심 욕) |
|---|---|
| 자원 분석 | 谷〔골짜기〕= 八〔온수가 용출하는 모양〕+ 口〔어귀, 입구〕<br>俗〔풍속〕= 亻〔←人 사람〕+ 谷 ⑧<br>浴〔목욕〕= 氵〔←水 물〕+ 谷 ⑧<br>欲〔하고자 하다〕= 欠〔하품〕+ 谷 ⑧<br>慾〔욕심〕= 心〔마음〕+ 欲 ⑧ |

### 3 생활 한자어 활용

- 시원한 溪谷 물에 발을 담그고 자연을 만끽하였다.
- 바른 독서 태도를 길러 低俗한 책은 읽지 않도록 하자.
- 우리 고장에는 아름다운 風俗이 아직도 전해지고 있다.
- 사람이면 누구나 성공하고자 하는 欲望을 가지고 있다.

### 4 주요 성어 탐색

- 誇大妄想(과대망상) : 자기의 위치를 사실보다 지나치게 높이 평가하는 망상.
- 空中樓閣(공중누각) : 공중에 누각을 짓는 것처럼 근거나 현실적 토대가 없는 사물을 이르는 말.
- 漢江投石(한강투석) : 한강에 돌 던지기라는 뜻으로, 아무리 해도 헛된 일을 하는 어리석은 행동.

 생각 키우기

1. 형의 말에 무조건 순종했던 이이의 태도를 보고 여러분은 어떤 생각을 했습니까?
2. 윗사람의 의견에 대체로 반항하는 사람과 순종하는 사람이 있을 경우, 누가 더 남을 이해하고 봉사하는 마음을 가질까요?

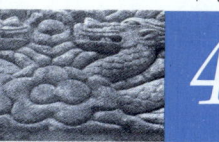

## 4 고기를 사서 땅에 묻다

정승 洪瑞鳳(홍서봉)[1]의 어머니는 집이 매우 가난하여 거친 밥과 나물국도 매양 거를 때가 많았다. 하루는 여종을 시켜 고기를 사오도록 하였는데, 고기 빛깔을 보니 毒(독)이 있는 것 같았다. 이에 여종에게 "팔고 있는 고기가 몇 덩이 있더냐?"라 묻고, 곧 머리 裝飾品(장식품)을 팔아 돈을 마련하여, 그 고기를 모두 사오도록 해 담장 밑에 묻게 하였으니, 이는 다른 사람들이 그 고기를 사서 먹고 병이 날까 염려했기 때문이다. 〈해동속소학〉

**해설 및 보충설명**

홍서봉 집은 매우 가난하여 거친 밥과 나물국도 제대로 먹지 못할 정도였다. 그러나 그의 어머니는 종이 사온 고기 색깔을 보고 그것의 상한 정도를 알고, 곧 자기의 머리 장식품을 팔아 고기를 모두 사서 담장 밑에 묻게 하였다. 그 어머니의 넓고 깊은 사랑은 當代(당대)뿐 아니라, 오늘날까지도 따뜻한 溫氣(온기)를 느끼게 한다.

이러한 가정환경에서 성장한 자녀 역시 그 감화를 입어 자기보다는 남을 배려하는 너그러운 마음씨를 소유했을 것이요, 적어도 貪官汚吏(탐관오리)는 되지 않았을 게 분명하다.

---

[1] 홍서봉(洪瑞鳳)(1572~1645) : 조선 인조 때의 대신. 1594년(선조 27)에 문과에 급제한 후 여러 벼슬을 거쳐 인조 19년에 부원군이 되고, 영의정에 승진되었다.

## ① 한자어 풀이

- 裝飾品(장식품) : 장식을 하기 위한 물품.
- 當代(당대) : 한 시대. 한 평생.
- 溫氣(온기) : 따뜻한 기운.
- 貪官汚吏(탐관오리) : 탐욕이 많고 행실이 깨끗하지 못한 관리나 공무원.

**한자 학습**

- 毒(독 독)
- 飾(꾸밀 식)
- 裝[装](꾸밀 장)
- 洪(넓을, 성씨 홍)
- 汚(더러울 오)
- 該(갖출 해)
- 糖(사탕 당)
- *瑞(상서 서)
- *僚(동료 료)
- *垂(드리울 수)

## ② 한자 및 한자어 탐색

| 한자 | 뜻과 음 | 한자어 연구 |
|---|---|---|
| 先 | 먼저 선<br>↔뒤 후(後) | 先見(선견) : 닥쳐올 일을 미리 내다 봄.<br>率先垂範(솔선수범) : 여럿이 할 일을 먼저 하여 모범을 보임. |
| 質[质] | 바탕 질 | 糖質(당질) : 엿과 같이 맛이 단 성질.<br>質量(질량) : 물체의 관성 크기를 표시하는 양, 즉 물체에 작용하는 힘과 그에 의해 생기는 가속도와의 비(比). |
| 的 | 과녁 적 | 的實(적실) : 틀림없이 확실함.<br>的中(적중) : 목표에 어김없이 들어맞음. |
| 當[当] | 마땅할 당<br>↔떨어질 락(落) | 當番(당번) : 바로 눈앞에 일의 차례가 옴.<br>該當(해당) : 어떤 것이 어떤 범위나 조건의 대상에 포함되거나 들어감. |
| 官 | 벼슬 관<br>↔백성 민(民) | 官僚(관료) : 정부 관리의 총칭.<br>官報(관보) : 관청 또는 관리가 내는 공용 전보(電報). |
| 溫[温] | 따뜻할 온<br>↔찰 랭(冷) | 溫情(온정) : 따스한 정의(情意).<br>溫泉(온천) : 지열(地熱)로 땅 속에서 평균기온 이상으로 데워져 솟는 지하수. |

**심화학습**

**부수 공부**

儿(어진 사람 인)   𠆢 𠆢 儿

'儿'자는 '어진 사람 인'이라 하며, '人'자와 같은 의미의 글자로 사용되었으나, 후에 자체(字體)의 아래에 위치했기 때문에 이 같은 형태로 고정되었다.

| 한자 학습 | 兄(맏 형)  先(먼저 선)  元(으뜸 원)  光(빛 광) |
|---|---|
| 성어 학습 | 先見之明(선견지명) : 일을 미리 짐작하는 밝은 지혜. |

### ③ 생활 한자어 활용

- 先入見을 가지고 사람을 대하는 것은 좋지 않다.
- 서두르지 말고 先後를 가려서 일을 차근차근 해라.
- 인터넷 광고 회사에서는 先金 지불을 강요하고 있다.
- 전반전에 우리 국가 대표 팀이 먼저 한 골을 先取했다.

### ④ 주요 성어 탐색

- 過猶不及(과유불급) : 지나침은 미치지 못함과 같음.
- 旱時太出(한시태출) : 가뭄에 콩 나듯이 한다는 뜻으로, 일이나 물건이 드문드문 나타남.
- 瓜田李下(과전이하) : 오이 밭에서 신을 고쳐 신지 말고, 오얏나무 아래에서 갓을 고쳐 쓰지 말라. 남에게 의심받을 짓은 처음부터 하지 마라.

**생각 키우기**

1. 머리 장식품을 팔아 고기를 담장 밑에 묻게 한 홍서봉 어머니의 행동을 보고 무엇을 느꼈습니까?

2. 만일 여러분이 음식점에서 상한 음식을 보았다면 어떤 행동을 했을까요?

## 5 국에 네 손은 데지 않았느냐

劉寬(유관)은 평소 瞬息間(순식간)에 발생한 갑작스런 일에도 말을 빨리 하거나 當惑(당혹)해 하는 얼굴빛을 보이지 않았다. 어느 날 그 婦人(부인)이 시험 삼아 유관을 성내게 하고자 하여, 그가 朝會(조회) 갈 때가 되어 이미 治裝(치장)을 마친 것을 엿보고는, 여자 종으로 하여금 고깃국을 받드는 척하며 엎드려 조회 복을 더럽히도록 하였다. 이 때에도 유관은 조금도 태도를 변치 않고 천천히 말했다.

"국에 네 손은 데지 않았느냐?"

그의 성품과 度量(도량)이 이와 같았다. (후한서)

**해설 및 보충설명**
거센 폭풍우와 험상궂은 날씨는 온갖 동물과 초목조차 근심하고 싫어하며, 따뜻한 봄날 꽃과 나비가 춤추며 한가로이 불어오는 산들바람은 누구나 기뻐하고 탐낸다. 세상 모든 일이 온화한 가운데서 새 생명을 탄생하고 즐거워하며, 마음의 평화를 얻어 행복을 만들고 창조한다. 생각하는 동물인 인간에 있어서는 두말할 필요가 있겠는가? 이 글은 유관의 너그러운 마음씨에 대한 이야기다. 장차 朝服(조복)을 입고 국사에 나가려 할 때, 종의 잘못으로 더럽혀진 옷을 보고도 오히려 종에게, "네 손은 데지 않았느냐?"며, 그의 상처를 염려하고 있다.

## ❶ 한자어 풀이

- 瞬息間(순식간) : 눈을 한 번 깜짝거리거나 숨 한 번 쉴 만한 아주 짧은 동안.
- 當惑(당혹) : 생각이 막혀 어쩔 줄을 모름.
- 朝會(조회) : 관리들이 임금께 조현(朝見)이나 알현(謁見)을 위하여 모이던 일.
- 治裝(치장) : 행장을 정돈하여 차림.
- 度量(도량) : 너그러운 마음과 깊숙한 생각. 재거나 되는 것.
- 朝服(조복) : 조회할 때 입는 예복.

**한자 학습**

寬(너그러울 관)
瞬(눈깜짝할 순)
謁(아뢸 알)
刊(새길 간)
器(그릇 기)
懲(징계할 징)
熙(빛날 희)
寡(적을 과)
*劉(성씨, 죽일 류)
*療(병 고칠 료)
*傅(스승, 부칠 부)
*棟(기둥 동)

## ❷ 한자 및 한자어 탐색

| 한자 | 뜻과 음 | | 한자어 연구 |
|---|---|---|---|
| 婦 | 아내 | 부 | 婦人(부인) : 결혼한 여자.<br>婦德(부덕) : 부녀자로서 지켜야 할 아름다운 덕행. |
| 朝 | 아침<br>↔저녁<br>↔들 | 조<br>석(夕)<br>야(野) | 朝刊(조간) : 아침에 발행하는 신문.<br>熙朝(희조) : 밝은 정치가 행하여지는 시대. 조정의 정사(政事)를 일으킴. |
| 會<br>[会] | 모일 | 회 | 會談(회담) : 모여서 이야기함.<br>傅會(부회) : 이치에 닿지 않는 것을 억지로 끌어다가 맞춤. |
| 治 | 다스릴 | 치 | 治療(치료) : 병을 잘 돌보아서 낫게 함.<br>懲治(징치) : 징계하여 다스림. 제재를 가하여 선도함. |
| 度 | 정도 | 도 | 角度(각도) : 각의 크기. 관점. 방면.<br>態度(태도) : 속의 뜻이 드러나 보이는 겉모양. |
| 量 | 헤아릴 | 량 | 器量(기량) : 사람의 덕량과 재능.<br>力量(역량) : 어떤 일을 해낼 수 있는 힘. |

### 부수 공부

**女**(계집 녀)

'女' 자는 두 손을 교차하여 무릎에 두고 꿇어앉은 여자 모습에서 자형이 이뤄졌다. 후에 '딸' 등 여러 의미로 사용되었다.

| 한자 학습 | 女(계집 녀) 婦(아내 부) 婚(혼인할 혼) 好(좋을 호) 姑(시어머니 고) |
|---|---|
| 성어 학습 | 夫婦有別(부부유별) : 오륜의 하나. 부부 간에 엄격히 지켜야 할 인륜의 구별이 있음. |

### ③ 생활 한자어 활용

- 예로부터 동서양을 막론하고 **姑婦間**의 갈등은 있었다.
- **寡婦**는 은이 서 말, 홀아비는 이가 서 말이라는 속담이 있다.
- **夫婦** 싸움은 칼로 물 베기라 했듯이, 싸움을 해도 쉽게 화해가 된다.
- 40대 중년 **婦人**들이 다이어트에 관심이 가장 많다는 통계 결과가 나왔다.

### ④ 주요 성어 탐색

- 巧言令色(교언영색) : 번지르르하게 발라 맞추는 말과 알랑거리는 낯빛.
- 矯角殺牛(교각살우) : 뿔을 바로잡으려다 소를 죽임. 결점을 고치려다 수단이 지나쳐 일을 그르침.
- 汗牛充棟(한우충동) : 책을 수레에 실으면 소가 땀을 흘리고 쌓아 올리면 들보까지 찬다는 뜻으로, 책이 매우 많음을 뜻함.

### 생각 키우기

1. 유관처럼 마음씨가 너그러운 사람을 친구로 사귀고 싶지는 않습니까?

2. 부드럽고 상냥한 말씨나 너그러운 마음씨를 누구나 좋아하는데, 여러분의 태도는 어떻습니까?

## 6 형님 배고프지 않으십니까

司馬溫公(사마온공)은 그의 큰형 康(강)과 友愛(우애)가 敦篤(돈독)하였다. 강의 나이가 장차 80이 되려 하는데, 온공은 그 받들기를 엄한 아버지같이 했고, 돌보기를 마치 어린아이같이 했다. 매양 밥 먹고 나서 조금 지나면, "배고프지 않으십니까?"라 물었으며, 날씨가 조금만 추우면 그 등을 두드려 드리며, "옷이 얇지 않습니까?"라 했다. (범태사문집)

**해설 및 보충설명**

天倫關係(천륜관계)는 부모 그리고 형제간의 관계로 떼어 놓으려 해도 어찌할 수 없는 사이이다. 이 글은 사마온공과 그 맏형 강과의 우애를 다루고 있다. 오늘날 우리 사회는 이기주의와 물질만능 풍조의 澎湃(팽배)로 서로를 불신하는 세태가 만연되고 있으며, 시기·질투하고 중상 모략하는 일들이 茶飯事(다반사)로 이루어지고 있다. 또 높은 이혼율 증가로 家族解體(가족해체) 현상도 점차 頻發(빈발)해지고 있는 요즈음, 사마온공 형제의 우애는 더한층 우리들에게 깊은 감명을 자아내게 한다.

## 1 한자어 풀이

- 友愛(우애) : 형제간의 정애(情愛). 벗 사이의 정분(情分).
- 敦篤(돈독) : 인정이 두터움. 돈후(敦厚).
- 天倫關係(천륜관계) : 부자(父子)·형제간의 떳떳한 도리의 관계.
- 澎湃(팽배) : 물이 서로 부딪쳐 솟아오름. 또는 그런 상태.
- 茶飯事(다반사) : 차나 밥을 먹듯이 흔한 일. 예사로운 일.
- 家族解體(가족해체) : 가족이 제 역할을 하지 못하고 각기 흩어져 생활함. 또는 붕괴됨.
- 頻發(빈발) : 일이 자주 일어남.

**한자 학습**

敦(도타울 돈)
篤(독실할 독)
係(맬 계)
茶(차 다)
頻(자주 빈)
輪(수레바퀴 륜)
紀(벼리 기)
振(떨칠 진)
殃(재앙 앙)
*摩(문지를 마)
*閥(문벌 벌)
*鍵(열쇠 건)
*膠(아교 교)
*瑟(거문고 슬)

## 2 한자 및 한자어 탐색

| 한자 | 뜻과 음 | | 한자어 연구 |
|---|---|---|---|
| 友 | 벗 | 우 | 友情(우정) : 친구 사이의 정.<br>友軍(우군) : 자기와 한편인 군대. |
| 天 | 하늘<br>↔땅 | 천<br>지(地) | 天殃(천앙) : 하늘이 내리는 재앙.<br>摩天樓(마천루) : 아주 높은 고층 건물.<br>振天(진천) : 소리가 하늘까지 떨쳐 울림. 소리가 크거나 명성(名聲)이 높음을 이름. |
| 倫 | 인륜 | 륜 | 倫紀(윤기) : 윤리와 기강.<br>倫理(윤리) : 사람들이 지켜야 할 도리. 곧, 실제의 도덕규범이 되는 원리. |
| 關<br>[関] | 빗장 | 관 | 關係(관계) : 어떤 일에 상관됨.<br>關鍵(관건) : 문의 빗장. 사물의 중요한 곳. |
| 飯 | 밥 | 반 | 飯店(반점) : 음식점. 요리점.<br>飯酒(반주) : 밥에 곁들여 먹는 술. |
| 族 | 겨레 | 족 | 族閥(족벌) : 큰 세력을 가진 문벌의 일족.<br>貴族(귀족) : 귀한 직위에 있어 특권을 가진 사람들. |

**심화학습**

### 자원 한자 공부

倫　論/侖/輪　淪

| 한자 학습 | 倫(인륜 륜)　論(의논할 론)　輪(수레바퀴 륜)　*崙(산 이름 륜)<br>侖(책 륜)　淪(빠질 륜) |
|---|---|
| 자원 분석 | 侖〔책 뭉치, 둥글다〕 = 亼〔모으다〕 + 冊〔책〕<br>倫〔인륜〕 = 亻〔사람〕 + 侖 音<br>論〔의논하다〕 = 言〔말〕 + 侖 音<br>輪〔수레바퀴〕 = 車〔수레〕 + 侖 音<br>淪〔빠지다〕 = 氵〔물〕 + 侖 音<br>崙〔산 이름〕 = 山〔산〕 + 侖 音 |

### ❸ 생활 한자어 활용

- 인간이 꼭 지켜야 할 **五倫**에는 무엇이 있습니까?
- 어른을 공경하지 않는 것은 **人倫**에 어긋나는 일이다.
- 올바른 윤리나 도덕에서 벗어난, 남녀 관계를 **不倫**이라 한다.
- 사람이 마땅히 따르고 지켜야 할 도리인 **倫理**는 양심과 밀접한 관계에 있다.

### ❹ 주요 성어 탐색

- **膠柱鼓瑟**(교주고슬) : 기둥을 풀로 붙이고 거문고를 탄다는 뜻으로, 고지식하여 조금도 융통성이 없음을 말함.
- **敎學相長**(교학상장) : 남을 가르치거나 스승에게 배우는 일 모두 서로에게 도움을 줌.

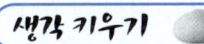

1. 형을 극진히 모신 사마온공의 우애를 보고 여러분은 어떤 생각을 했습니까?

2. "형제간에 화목하며 즐겁게 지내야 한다(兄弟怡怡)."는 말이 있는데, 여러분의 우애는 어떻습니까?

## 7 복숭아나무에 복숭아가 하나도 달려 있지 않다

　黃喜(황희)는 모든 일을 침착하게 처리하여 기쁨과 노여움을 일찍이 얼굴빛에 나타내지 않았으며, 평소 집에 있을 때는 청렴하고 儉素(검소)한 생활을 하였다. 자신이 수상이 되었을 때에도 얌전한 書生(서생)과 같았으며, 곁에서 시중드는 종들이 서로 장난하며 노는 것을 보면 곧 빙그레 웃곤 하였다. 하루는 그가 거처한 방 옆에 복숭아가 빨갛게 익어 이웃 아이들이 마구 달려들어 따 가니, 공은 느린 소리로 말했다.
　"애들아 다 따 가지 말아라. 나도 맛 좀 봐야지."
　잠시 후 공이 나가 보니, 복숭아나무에 복숭아가 하나도 달려 있지 않았다. (용재총화)

**해설 및 보충설명**

　이 글에는 황희 정승의 '너그러운 마음씨'가 잘 나타나 있다. '너그러움'은 '뼈 없는 흐물흐물한 태도'나 '주관 없이 마냥 좋은 것만을 추구하는 善柔(선유)'를 말하지는 않는다. 이는 상대방의 마음을 이해하고 용서하는 강한 힘으로, 公私(공사)·黑白(흑백)·淸濁(청탁)을 분별할 줄 아는 고도의 至誠(지성)이다.
　'너그러움'과 관련된 황희의 한 逸話(일화)가 있다. 세종대왕 때 內佛堂(내불당) 사건이 발생하자 성균관 유생들은 그 반발의 표시로 空館(공관)을 하였다. 당시 그 누구도 이를 수습하지 못했으므로, 세종은 황희를 불러 명을 내린다. 이에 그는 유생들의 집을 개별 방문하여 설득했으며, 이때 유생들이 그에게 갖은 욕설을 다 했지만 그는 묵묵히 참으며, 그들의 의견을 수렴한 결과 다시 학업에 복귀할 수 있도록 하였다. 만일 황희의 침착한 태도와 너그러운 마음씨가 발동되지 않았다면, 이 사건은 장기 미해결 과제로 남았을지도 모른다.

## 1 한자어 풀이

- 儉素(검소) : 사치하지 않고 아껴서 사용함.
- 書生(서생) : 글 공부만 하는 사람.
- 善柔(선유) : 아첨하여 기쁘게 하는 데에만 잘하고 성실치 못함을 말함.
- 黑白(흑백) : 검은빛과 흰빛. 옳음과 그름. 시비(是非).
- 淸濁(청탁) : 맑음과 흐림. 옳음과 그름.
- 至誠(지성) : 매우 지극한 정성.
- 逸話(일화) : 아직 세상에 잘 알려지지 않은 이야기.
- 內佛堂(내불당) : 궁궐 내에 부처를 모셔놓은 집.
- 空館(공관) : 성균관 유생들이 국가 대사에 불평이 있을 때, 그 항의 표시로 일제히 관(館)에서 물러나던 일.

> **한자 학습**
> 儉[俭](검소할 검)
> 館[舘](집 관)
> 濁(흐릴 탁)
> 術(기술 술)
> 漆[柒](옻칠할 칠)
> 欄(난간 란)
> *揷[挿](꽂을 삽)

## 2 한자 및 한자어 탐색

| 한자 | 뜻과 음 | | 한자어 연구 |
|---|---|---|---|
| 話 | 이야기 | 화 | 話頭(화두) : 말머리. 담화의 실마리.<br>揷話(삽화) : 문장·신문·연극 등의 인쇄물 따위 속에 끼어 넣는 본 줄거리와 직접 관계없는 이야기. |
| 柔 | 부드러울 | 유 | 柔和(유화) : 유순하고 온화함.<br>柔順(유순) : 성질이 온순하고 공손함. |
| 私 | 사사로울 | 사 | 私利(사리) : 사사로운 이익.<br>私見(사견) : 자기 혼자의 의견. |
| 黑[黒] | 검을 | 흑 | 漆黑(칠흑) : 옻칠처럼 어두운 빛깔.<br>黑字(흑자) : 검은 글자. 수지 결산상의 이익. |
| 至 | 지극할 | 지 | 至當(지당) : 지극히 당연함.<br>至尊(지존) : 더할 수 없이 존귀함. |
| 空 | 빌 | 공 | 空欄(공란) : 지면(地面)의 빈 난.<br>空白(공백) : 아무 것도 없이 비어 있음. |

자원 한자 공부

活
話  舌  闊
括

| 한자 학습 | 舌(혀 설)  話(이야기 화)  活(살 활)  括(묶을 괄)  闊(넓을 활) |
|---|---|
| 자원 분석 | 舌[혀]<br>話[말하다] = 言[말] + 舌[←昏] 음<br>活[살다, 생기 있다] = 氵[←水 물] + 舌 음<br>括[묶다, 단속하다] = 扌[←手 손] + 舌 음<br>闊[넓다, 트이다] = 門[문] + 活 음 |

### ③ 생활 한자어 활용

- 그는 뛰어난 話術로 사람들의 마음을 사로잡았다.
- 나는 친구와 오해로 발생한 불편한 관계를 對話로 풀었다.
- 선생님께서는 옛 선인들의 잘 알려지지 않은 逸話를 가끔 소개해 주신다.
- 지은이를 알 수 없는 옛부터 전해 내려오는 전래 童話에는 교훈적인 내용이 많다.

### ④ 주요 성어 탐색

- 孤軍奮鬪(고군분투) : 적은 수의 군대가 힘겨운 적과 용감히 싸움.
- 戒世懲人(계세징인) : 세상을 경계하고 사람들을 징계함. 세상 사람들이 악(惡)에 빠지지 않도록 깨우쳐 줌.

 생각 키우기

1. 황희는 모든 일을 침착하게 처리하여 기쁨과 노여움을 일찍이 얼굴빛에 나타내지 않았는데, 여러분의 감정 처리는 어떻습니까?

2. 자기 집 복숭아가 빨갛게 익어 이웃 아이들이 마구 달려들어 따 갔지만 성내지 않은 황희의 태도에서 무엇을 배웠습니까?

## 8 그녀를 시집보내다

晉(진)나라의 魏顆(위과)는 武子(무자)의 아들이다. 무자에게는 사랑하는 첩이 있었는데 자식이 없었다. 무자가 병이 들어 과에게, "반드시 그녀를 시집보내라." 하더니, 병이 심해지자 이번에는, "반드시 순장시켜라." 하였다. 돌아가심에 이르러 과가 그녀를 시집보내며 말했다.

"병이 심할 때는 정신이 혼미하였을 것이니, 나는 맑은 정신으로 하신 아버지의 명령을 따르겠다." (몽구)

**해설 및 보충설명**

성질이 조급하고 마음이 옹졸한 사람은 일을 처리함에 있어서 늘 소극적이고 경솔하게 하여 종종 그 일을 그르치는 경우가 많다. 그러나 마음이 따뜻하고 너그러운 사람은 일 처리를 침착하고 愼重(신중)하며 조화적으로 하기 때문에 남의 호감을 받는다. 이 글의 진나라 위과는 아버지의 첩을 改嫁(개가)시킨 공으로 상대 장수 杜回(두회)를 사로잡는 戰果(전과)를 올린다. 즉 "반드시 시집보내라."와 "반드시 순장시켜라."라는 아버지의 유언 중 평소 맑은 정신으로 한 말을 따른 결과 아버지 첩의 부친이 엮어 맺은 풀에 두회가 걸려 넘어짐으로써, 자기는 危機(위기)에서 벗어날 수 있었으며, 또 그를 사로잡는 전공까지 올리게 된다[結草報恩. 결초보은]. 이러한 성과는 그의 이성적이고 합리적이며, 너그러운 행동에서 얻은 대가가 아닐까?

## ❶ 한자어 풀이

- 愼重(신중) : 매우 조심스러움.
- 改嫁(개가) : 시집갔던 여자가 다시 다른 남자에게 시집감.
- 戰果(전과) : 전투에 의하여 얻어진 성과. 전쟁의 결과.
- 危機(위기) : 위급한 기회. 위험한 때.
- 結草報恩(결초보은) : 풀을 묶어 은혜를 갚다. 즉 죽은 후에라도 은혜를 잊지 않고 갚음. 위과가 밤에 꿈을 꾸니, 한 노인이 말하였다. "나는 당신이 시집보낸 첩의 아버지이다. 네가 아버님의 치명(治命)을 따랐으니 풀을 묶어 그 은혜에 보답하였다."

| 한자 학습 |
|---|
| 距(막을 거) |
| 剛(굳셀 강) |
| 挑(돋울 도) |
| *杜(막을, 성씨 두) |
| *兢(떨릴 긍) |

## ❷ 한자 및 한자어 탐색

| 한자 | 뜻과 음 | | 한자어 연구 |
|---|---|---|---|
| 武 | 굳셀 | 무 | 剛武(강무) : 굳세고 씩씩함.<br>武術(무술) : 무도에 관한 기술. |
| 重 | 무거울 | 중 | 重視(중시) : 중요하게 여김.<br>重用(중용) : 사람을 중요한 자리에 임명함. |
| 戰<br>[戰,战] | 싸움<br>떨 | 전<br>전 | 距戰(거전) : 적을 막아서 싸움.<br>戰戰兢兢(전전긍긍) : 두려워서 매우 조심함. |
| 果 | 결과 | 과 | 果然(과연) : 알고 보니 정말로.<br>果敢(과감) : 과단성 있고 용감함. |
| 改 | 고칠 | 개 | 改良(개량) : 좋도록 고침.<br>改善(개선) : 잘못을 고쳐 좋게 함. |
| 草 | 풀 | 초 | 草案(초안) : 안건 따위를 기초함.<br>蘭草(난초) : 잎이 가늘고 길며 꽃의 향기가 좋아, 집 안에서 관상용으로 많이 기르는 화초. |

## 심화학습

**자원 한자 공부**

戰　彈/單/簞　禪

| 한자 학습 | 單(홀 단)　戰(싸움 전)　彈[弹](탄알 탄)　禪(좌선할 선)　簞(광주리 단) |
|---|---|
| 자원 분석 | 單〔홀로〕<br>戰〔싸우다〕 = 戈〔창〕 + 單 음<br>彈〔탄알, 튀기다〕 = 弓〔활〕 + 單 음<br>禪〔좌선, 사양하다〕 = 示〔제단〕 + 單 음<br>簞〔광주리〕 = 竹〔대나무〕 + 單 음 |

### 3 생활 한자어 활용

- 산을 좋아하는 그는 에베레스트 정상에 挑戰할 계획이다.
- 심한 경쟁이나 혼잡을 비유하여, 戰爭이라는 말을 사용한다.
- 경기에서 너무 벌어진 점수 차이는 상대팀의 戰意를 상실케 할 수 있다.
- 6.25전쟁이 일어나자 많은 우방국들이 우리나라를 돕기 위해 유엔의 이름으로 參戰하였다.

### 4 주요 성어 탐색

- 口尙乳臭(구상유취) : 입에서 아직 젖내가 난다는 뜻으로, 언행이 유치함을 이름.
- 口蜜腹劍(구밀복검) : 입에는 꿀, 뱃속에는 칼. 말은 정답게 하나 속으로는 해칠 생각을 함.
- 黨同伐異(당동벌이) : 잘잘못에 관계 없이 자기와 같은 무리에 가담하여 반대자를 공격하는 일.

 **생각 키우기**

1. 위과가 부친의 마지막 유언을 어기고 아버지의 첩을 개가(改嫁)시킨 이유는 무엇이라고 생각합니까?

2. 남에게 은혜를 받았을 때, 그에 대한 진정한 사랑의 실천은 무엇이라고 생각합니까?

## 9 임금의 공이 내게 하나도 없다

　堯(요) 임금은 하루하루 태평하게 지내던 어느 날 정말로 세상이 잘 다스려지고 있는지 직접 알아보기 위해 微服(미복)을 하고 나갔다. 어느 네거리에 이르자 아이들이 손을 맞잡고 노래를 불렀다.
　우리가 이처럼 사는 것은 모두가 임금님의 지극한 덕이네(立我烝民 莫匪爾極)
　우리는 아무것도 알지 못하지만 임금님이 정하신 대로 살아가네(不識不知 順帝之則)
　마음이 흐뭇해진 요 임금은 어느새 마을 끝까지 걸어갔다. 이번에는 한 노인이 배를 두드리고 발로 땅을 구르며 흥겹게 노래를 부르고 있었다.
　해가 뜨면 일하고 해가 지면 쉬네(日出而作 日入而息)
　밭을 갈아먹고 우물을 파서 마시니(耕田而食 鑿井而飮)
　임금님의 공이 내게 어디에 있는가?(帝力何有于我哉)

(십팔사략)

**해설 및 보충설명**　요 임금은 순 임금과 함께 동양 최고의 聖君(성군)으로 지칭된다. 요 임금이 하루는 미복을 입고 어느 네거리에 이르자, 어린이들이 손에 손을 맞잡고 임금님의 지극한 덕을 稱頌(칭송)했고, 또 한 노인은 흥겹게 노래 부르며, "임금님의 공은 내게 어디에 있는가?"라 하여, 공이 너무 커서 이를 전혀 느낄 수 없음을 感歎(감탄)했다. 훌륭한 지도자는 마치 공기와 태양처럼, 그 공이 광대하여 사람들로 하여금 전혀 이를 느끼지 못하게 한다. 성군의 시대에는 만물이 제 뜻을 얻어 무성히 잘 자라고, 백성 또한 편안하여 太平聖代(태평성대)인 줄을 모르고 즐겁게 산다.

## 1 한자어 풀이

- 微服(미복) : 지위가 높은 사람이 무엇을 몰래 살피기 위해 입는 수수한 옷.
- 聖君(성군) : 덕화가 탁월한 어진 임금. 성왕(聖王).
- 稱頌(칭송) : 공덕을 칭찬하여 기림. 칭찬하여 일컬음.
- 感歎(감탄) : 참으로 좋거나 훌륭하다고 느낌.
- 太平聖代(태평성대) : 어질고 착한 임금이 잘 다스리어 태평한 세상.

**한자 학습**
微(작을 미)
頌(기릴 송)
歎(탄식할 탄)
穫(벨 확)
*堯(요임금 요)
*匪(아닐 비)

## 2 한자 및 한자어 탐색

| 한자 | 뜻과 음 | 한자어 연구 |
|---|---|---|
| 耕 | 밭갈 경 | 耕穫(경확) : 밭 갈고 수확함.<br>耕作(경작) : 땅을 갈고 농사를 지음. |
| 井 | 우물 정 | 井華水(정화수) : 이른 새벽에 처음 길어 온 우물물.<br>井田法(정전법) : 땅을 우물 정(井)자 모양으로 하여 분배하는 제도. |
| 哉[哉] | 어조사 재 | 哀哉(애재) : 슬퍼함. 애통해 함.<br>快哉(쾌재) : 뜻대로 잘 되어 매우 만족스럽게 여김. |
| 順 | 순할 순<br>↔거스를 역(逆) | 順應(순응) : 순순히 대응함.<br>順理(순리) : 도리에 따르는 일. |
| 莫 | 없을 막 | 莫强(막강) : 매우 강함.<br>莫論(막론) : 말할 나위도 없음. |
| 入 | 들 입 | 入選(입선) : 출품한 작품이 합격함.<br>入閣(입각) : 내각 조직 중의 한 사람이 됨. |

**심화학습**

**자원 한자 공부**

漠　募　慕
　　莫
　　墓

| 한자 학습 | 莫(없을 막)　漠(사막 막)　募(모을 모)　慕(사모할 모)　墓(무덤 묘)<br>*膜(막, 꺼풀 막) |
|---|---|
| 자원 분석 | 莫〔없다, 저물다〕 = 艹〔풀〕 + 日〔해〕 + 大〔풀이 크다〕<br>漠〔사막, 아득하다〕 = 氵〔물〕 + 莫 음<br>募〔부르다, 모으다〕 = 力〔힘〕 + 莫 음<br>慕〔사모하다〕 = 忄〔←心 마음〕 + 莫 음<br>墓〔무덤〕 = 土〔흙〕 + 莫 음<br>膜〔막〕 = 月〔고기〕 + 莫 음 |

### 3 생활 한자어 활용

- 텔레비전 방송은 대중들에게 莫强한 영향력을 미친다.
- 양 팀 전력은 莫上莫下여서 승부를 예측하기 어려웠다.
- 이유 여하를 莫論하고 내일까지 과제물을 제출해야 한다.
- 아시아 대표로 참가한 우리 축구 선수단은 그 책임이 莫重하다.

### 4 주요 성어 탐색

- 含哺鼓腹(함포고복) : 잔뜩 먹고 배를 두드린다는 뜻에서, 태평성대를 이름.
- 口耳之學(구이지학) : 귀로 들은 것을 그대로 남에게 이야기할 뿐 조금도 제 것으로 만들지 못한 학문.

 생각 키우기

1. 어떤 시대를 태평성대라 말할 수 있는지 토의해 봅시다.

2. "임금님의 공이 내게 어디에 있는가?"라 노래 부르는 것을 듣고 요 임금은 기쁨을 감추지 못했는데, 그 이유는 무엇일까요?

## 10 백성을 어여삐 여기다

나라의 말이 중국과 달라서 문자와 더불어 서로 통하지 아니했다. 그러므로 어리석은 백성이 말하고자 하는 바가 있어도 끝내 그 뜻을 펼 수 없는 사람이 많았다. 내가 이를 불쌍히 여겨 새로 스물여덟 자를 만드니, 사람들로 하여금 쉽게 익혀 날로 씀에 편하게 하고자 할 따름이다. (훈민정음서)

**해설 및 보충설명**

세종대왕은 실로 도덕군자요, 천리 먼 길을 내다볼 줄 아는 지혜로운 지도자였다. 또 여러 방면에 精通(정통)하여 국사를 훌륭히 이끌었으며, 한 번 옳다고 생각한 일은 그 누구의 반대에도 끝까지 추진한 성군이었다. 훈민정음 반포 때에도 최만리·정창손 등 많은 신하들이 이를 완강히 반대했으나, 이에 介意(개의)치 않고 愛民政治(애민정치)를 실현한 絶世(절세)의 임금이다. 세종이 우리 민족의 文字(문자)인 訓民正音(훈민정음) 창제를 가능케 했던 것은 그의 투철한 創造精神(창조정신)과 집현전을 통해 길러낸 朴彭年(박팽년)·崔恒(최항)·申叔舟(신숙주)·成三問(성삼문)·李善老(이선로)·李塏(이개) 등 소장 학자들의 헌신적 연구와 노력이 뒤따랐기 때문일 것이다.

## 1 한자어 풀이

- 精通(정통) : 어떤 사물에 깊고 자세히 앎.
- 介意(개의) : 마음에 둠.
- 愛民政治(애민정치) : 백성을 아끼고 사랑하는 정치.
- 絶世(절세) : 세상에 매우 뛰어남.
- 文字(문자) : 말의 음과 뜻을 표시하는 시각적 기호. 글자.
- 訓民正音(훈민정음) : 조선 4대 임금 세종이 직접 만든 우리나라 글자. 모음 11자, 자음 17자로 되어 있음.
- 創造精神(창조정신) : 처음으로 생각해 내어서 만들려는 정신.

### 한자 학습
介(낄 개)
舟(배 주)
騷(떠들 소)
閏(윤달 윤)
蒸[烝](찔 증)
瓜(오이 과)
韻(운율 운)
*垲(높은 땅 개)
*彭(성, 땅이름 팽)
*僑(타관살이 교)
*苑(나라 동산 원)
*謨(꾀 모)
*艾(쑥 애)

## 2 한자 및 한자어 탐색

| 한자 | 뜻과 음 | 한자어 연구 |
|---|---|---|
| 文 | 글월 문<br>↔호반 무(武) | 韻文(운문) : 시와 같이 일정한 리듬이 있는 글.<br>文苑(문원) : 문학인들의 사회. 문학계. 문단(文壇). |
| 民 | 백성 민 | 蒸民(증민) : 모든 백성. 서민(庶民).<br>僑民(교민) : 외국에 살고 있는 동포. |
| 訓 | 가르칠 훈 | 訓練(훈련) : 가르쳐서 연습시킴.<br>謨訓(모훈) : 국가의 대계(大計). 또는 후왕(後王)의 가르침. |
| 音 | 소리 음 | 音律(음률) : 음악의 곡조.<br>騷音(소음) : 시끄러운 소리. |
| 造 | 만들 조 | 造花(조화) : 인공으로 만든 꽃.<br>造化(조화) : 만물을 만들어 기른다는 자연의 힘. |
| 年 | 해 년 | 閏年(윤년) : 윤달이 든 해.<br>艾年(애년) : 쉰 살. 50세.<br>瓜年(과년) : 벼슬의 임기가 찬 해. 혼기(婚期)의 여자 나이. |

## 심화학습

**자원 한자 공부**

彦
憫 文 紋
產

| 한자 학습 | 文(글월 문)　產(낳을 산)　紋(무늬 문)　憫(근심할 민)　*彦(선비 언) |
|---|---|
| 자원 분석 | 文〔글자, 문채〕<br>彦〔선비〕= 文〔글자, 문채〕+ 彡〔붓털〕+ 厂 음<br>產〔낳다〕= 彦〔선비〕+ 生〔낳다〕<br>紋〔무늬〕= 糸〔실〕+ 文 음<br>憫〔근심, 불쌍히 여김〕= 忄〔←心 마음〕+ 閔 음 |

### ❸ 생활 한자어 활용

- 조선이 서양 文物을 거부했던 궁극적인 이유는 무엇일까요?
- 토인비는 인간 사회의 文明과 역사를 도전과 응전으로 보았다.
- 생일날 친구가 보낸 文字 메시지는 나에게 작은 감동을 주었다.
- 文化는 본래 경작·재배라는 말이었으나 후일 교양·예술 등의 뜻을 가지게 되었다.

### ❹ 주요 성어 탐색

- **群雄割據**(군웅할거) : 많은 영웅들이 각지에 자리잡고 세력을 떨치며 서로 맞서는 일.
- **國士無雙**(국사무쌍) : 나라 안에 견줄 만한 자가 없는 인재. 국내에서 가장 뛰어난 인물.
- **君子不器**(군자불기) : 군자는 그릇처럼 유한적 존재가 아님. 즉 한 가지 재능에만 뛰어난 것이 아니라 매사에 균형 잡혀서 원만함을 이름.

**생각 키우기**

1. 세종대왕의 훈민정음 창제 목적은 무엇이라 생각합니까?
2. 훈민정음의 창제가 만일 이루어지지 않았다면, 우리는 현재 어떤 생활을 하고 있을까요?

## 11 역모자(逆謀者)를 놓아주다

    조선 성종 때 역모 사건이 발생하여 괴수와 공모자 일당이 잡혀왔다. 성종은 "괴수 한 사람만 남기고 모두 풀어 주어라." 명하였다. 또 괴수를 내전으로 들어오게 하여 "그대는 내 자리가 탐이 나서 모의를 했다지. 王侯將相(왕후장상)에 어찌 종자가 있겠느냐? 나와 같이 지내면서 그대의 자격을 시험해 보도록 하자!"라 하고, 괴수와 침식을 같이하며 며칠을 보냈다. 괴수는 왕의 덕행에 감복하고, "어서 죽여 주시옵소서!"라 말할 뿐이었다. 이에 성종은 "그런 주제에 임금 노릇을 하려 했으니 될 리가 있나, 내가 이제 널 놓아 줄 테니, 다시 한 번 잘 모의하여 보아라!" 하고, 여러 신하들의 맹렬한 반대에도 불구하고 그를 방면하였다. (이야기 조선왕사)

**해설 및 보충설명**
  이 글은 왕위를 노린 역모 사건과 관련된 것이다. 역모 사건은 당시 관례로 보면, 역모자의 숙청뿐 아니라 그 가족까지도 형벌이 과해져 滅門之禍(멸문지화)를 면하기 어려웠다. 그러나 성종은 역모 가담자뿐 아니라, 그 괴수까지도 방면하는 너그러움을 보였다. 조선조 聖君(성군)으로 지칭되는 成宗(성종)은 세종과 함께 가장 어려운 책인 《성리대전》을 경연에서 공부했으며, 여러 법전, 교지, 조례, 관례 등을 총망라한 《경국대전》을 완성·반포하였다. 또 《동국여지승람》·《동국통감》·《삼국사절요》·《동문선》·《오례의》·《악학궤범》 등 각종 서적을 간행하는 등 조선 건국의 기틀을 마련하였다.

## ❶ 한자어 풀이

- 逆謀者(역모자) : 반역을 모반한 사람.
- 王侯將相(왕후장상) : 제왕과 제후와 장수와 재상의 총칭. 곧 백성의 지배층을 말함.
- 滅門之禍(멸문지화) : 한 집안이 멸망하여 없어지는 큰 재앙.
- 聖君(성군) : 덕화가 탁월한 어진 임금.

| 한자 학습 |
|---|
| 侯(제후 후) |
| 滅(멸할 멸) |
| 境(지경 경) |
| *棋(바둑 기) |
| *柴(섶 시) |

## ❷ 한자 및 한자어 탐색

| 한자 | 뜻과 음 | 한자어 연구 |
|---|---|---|
| 逆 | 거스릴 역 | 逆說(역설) : 일반적인 이론과 반대되는 주장.<br>逆境(역경) : 일이 뜻대로 되지 않은 어려운 환경. |
| 者 | 놈 자 | 信者(신자) : 종교를 믿는 사람. 교도.<br>記者(기자) : 신문이나 잡지 따위의 가사를 취재·집필하거나 편집하는 사람. |
| 將<br>[将] | 장수 장<br>↔군사 병(兵) | 將相(장상) : 장수와 재상<br>將棋(장기) : 놀음놀이의 하나. 32짝을 붉은 글자, 푸른 글자의 두 종류로 나누어, 장기판에 정해진 대로 배치해 놓고 둘이서 교대로 두어 장군을 막지 못하면 지는 놀이. |
| 門 | 문 문 | 門中(문중) : 일가끼리의 가까운 집안.<br>柴門(시문) : 사립문. 문을 닫음. 외부와 교제를 끊음. 두문(杜門). |
| 聖 | 성인 성 | 聖恩(성은) : 임금의 거룩한 은혜.<br>聖經(성경) : 종교상 신앙의 최고 법전이 되는 책. |
| 君 | 임금 군<br>↔신하 신(臣) | 先君(선군) : 선왕. 돌아가신 아버지.<br>君臨(군림) : 가장 높은 권위의 자리에 섬. |

사랑편

**심화학습**

**부수 공부**

門(문 문) 門 肖 門

외짝 문인 '戶(지게 호)자'와 달리 '門' 자는 마주선 기둥에 문이 각기 한 짝씩 달려 있는 '문'을 뜻한다. '門'은 규모가 비교적 큰 문을, '戶'는 사람의 키와 비슷한 정도의 문을 말한다.

| 한자 학습 | 門(문 문)  開(열 개)  間(사이 간)  閣(집 각) |
|---|---|
| 성어 학습 | 登龍門(등용문) : 용문에 오른다는 뜻으로, 입신출세의 어려운 관문을 통과하여 크게 출세함. |

### ❸ 생활 한자어 활용

- 가끔 窓門을 열어 실내 공기를 환기시켜야 한다.
- 퇴계 이황의 門下生이었던 그는 임진왜란 때 큰 공을 세웠다.
- 자동차 운전은 할 줄 알아도 정비에는 門外漢인 사람들이 많다.
- 우리나라는 1876년 강화도 조약을 계기로 외국에 門戶가 개방되었다.

### ❹ 주요 성어 탐색

- 權不十年(권불십년) : 권력은 10년을 못 간다는 말.
- 窮餘之策(궁여지책) : 궁색한 나머지 생각다 못하여 짜낸 꾀.
- 兎死狗烹(토사구팽) : 교활한 토끼가 죽으면 토끼를 잡아먹던 개가 필요 없어져 삶아 먹여짐.

**생각 키우기**

1. 반역자와 그 괴수를 방면한 성종 임금의 태도를 보고 여러분은 어떤 생각을 했습니까?

2. 성종 임금께서 "왕후장상에 어찌 종자가 있겠느냐?"라 하셨는데, 이 글에서의 의미는 무엇입니까?

## 12 머리가 둘인 뱀을 잡아 땅에 묻다

孫叔敖(손숙오)가 어린아이였을 때, 밖에 나가 놀다가 돌아와서 근심하며 밥을 먹지 않거늘, 그의 어머니가 까닭을 물으니 울며 말했다.

"오늘 제가 머리가 둘 달린 뱀을 보았으니, 아마도 머지않아 죽을 것입니다."

"뱀이 지금 어디에 있느냐?"

"제가 들으니 '머리가 둘 달린 뱀을 본 사람은 죽는다.' 고 하기에 다른 사람이 또 볼까 염려되어 제가 이미 땅에 묻어 버렸습니다."

"염려하지 말라! 너는 죽지 않으리라! 내가 들으니, '陰德(음덕)이 있는 사람은 陽(양)으로 드러난 報答(보답)이 있다.' 고 하더라." 〈몽구〉

**해설 및 보충설명**

하늘은 남모를 陰德(음덕)을 베푸는 사람에게는 그가 복을 구하지 않더라도 그 갸륵함에 감동하여 天福(천복)을 내려 주고, 이기적이고 간사한 사람은 눈앞의 재앙을 애써 피하려 하지만 오히려 이를 밉게 여겨 재앙을 입힌다. 인간이 아무리 잔꾀를 부려 하늘을 속이려 해도 그 권능을 초월할 수는 없다. 손숙오는 머리가 둘 달린 뱀을 보고, 다른 사람이 또 볼까 염려하여, 그것을 이미 잡아서 땅속에 묻어 버렸다. 그의 이 같은 행동은 천복을 받기에 充分(충분)하다. 손숙오의 어머니가 "음덕이 있는 사람은 밖으로 드러난 보답이 있을 것이다."라 하여, 그를 안심시키고 있으나, 하늘은 틀림없이 그에게 좋은 加護(가호)를 내려 줄 것이다.

## 1 한자어 풀이

- 陰德(음덕) : 남이 모르는 덕행.
- 報答(보답) : 남의 두터운 호의나 은혜를 갚음.
- 天福(천복) : 하늘에서 내려 준 복록.
- 充分(충분) : 모자람이 없이 분량에 참.
- 加護(가호) : 보호를 베풀어 줌.

| 한자 학습 |
|---|
| 護(도울 호) |
| 倍(갑절 배) |
| 曆(책력 력) |

## 2 한자 및 한자어 탐색

| 한자 | 뜻과 음 | | 한자어 연구 |
|---|---|---|---|
| 孫 | 손자 성 | 손 손 | 宗孫(종손) : 종가의 맏손자.<br>後孫(후손) : 어느 집안을 대대로 이어가는 자식들의 무리. 또는 그 무리에 속하는 사람들. |
| 叔 | 아재비 | 숙 | 叔父(숙부) : 아버지의 동생.<br>堂叔(당숙) : 아버지의 사촌 형제. |
| 陰<br>[陰] | 그늘<br>↔볕 | 음<br>양(陽) | 光陰(광음) : 세월.<br>陰散(음산) : 날씨가 흐리고 으스스함. |
| 陽 | 볕 | 양 | 陽地(양지) : 볕이 바로 드는 곳.<br>陽性(양성) : 적극적으로 나아가는 성질. |
| 福 | 복<br>↔재앙 | 복<br>화(禍) | 福音(복음) : 반가운 소식.<br>福德房(복덕방) : 부동산의 매매를 중개하는 곳. |
| 加 | 더할<br>↔덜 | 가<br>감(減) | 加勢(가세) : 집안 살림의 형편.<br>倍加(배가) : 갑절이 되게 더함. |

**심화학습**

### 자원 한자 공부

陽　傷　揚
　　昜
　　湯

| 한자 학습 | 昜(볕 양)　陽(볕 양)　傷(상처 상)　湯(끓일 탕)　揚(날릴 양)<br>暢(화창할 창) |
|---|---|
| 자원 분석 | 昜〔볕〕<br>陽〔볕〕 = 阝〔←阜 언덕〕 + 昜 음<br>傷〔상처〕 = 亻〔사람〕 + 昜〈省〉 음<br>湯〔끓다〕 = 氵〔←水 물〕 + 昜 음<br>揚〔날리다〕 = 扌〔←手 손〕 + 昜 음<br>暢〔화창하다〕 = 申〔펴다〕 + 昜 음 |

### ③ 생활 한자어 활용

- 동양 사상은 대부분 陰陽의 조화를 강조한다.
- 암울했던 일제 침탈시절 그분은 우리의 太陽이었다.
- 서리 맞은 단풍은 夕陽의 햇살을 받아 더욱 붉게 보인다.
- 陽曆은 지구가 태양의 둘레를 한 바퀴 도는 기간을 1년으로 삼아 날짜를 계산한 달력이다.

### ④ 주요 성어 탐색

- 勸善懲惡(권선징악) : 선행을 권장하고 악행을 징계함.
- 權謀術數(권모술수) : 목적 달성을 위해 수단 방법을 가리지 않는 온갖 재주.
- 見蚊拔劍(견문발검) : 모기를 보고 칼을 뺌. 하찮은 일에 너무 거창하게 덤빔.

1. 인간의 천복과 재앙은 누가 만드는 일이라고 생각됩니까?
2. 여러분이 만일 머리가 둘 달린 뱀을 보았다면 어떤 행동을 했을까요?

## 13 마음에 불이 나다

　志鬼(지귀)는 신라 活里驛(활리역) 사람인데, 善德女王(선덕여왕)의 美貌(미모)를 思慕(사모)하여 늘 근심하고 울어 形容(형용)이 憔悴(초췌)하였다. 왕이 절에 행차하여 香禮(향례)를 하다, 이 말을 듣고서 그를 불렀더니, 절의 탑 아래에 와 임금의 행차를 기다리다가 홀연히 깊은 잠에 빠지고 말았다. 왕이 팔찌를 벗어 그 가슴에 놓고 還宮(환궁)했는데, 지귀는 나중에 잠에서 깨어 고민하다 卒倒(졸도)한 지 한참 만에 마음에 불이 나서 탑을 돌더니, 곧 변하여 불귀신이 되었다. (삼국유사)

> **해설 및 보충설명**
> 이 글에서는 지귀의 사랑을 저버리지 않은 선덕여왕의 至高(지고)한 모습을 볼 수 있다. 선덕여왕은 지혜로운 임금으로도 널리 알려져 있다. 당태종이 모란꽃과 씨앗을 보내오니, "이 꽃은 필시 향기가 없을 것이다."라 했는데, 과연 그의 말과 같았다. 또 靈廟寺(영묘사) 玉門池(옥문지)에 겨울철인데도 개구리가 여러 날 우는 일이 발생하자 "西郊(서교)에 적병이 숨어 있을 것이다."라 했는데, 병사를 보내어 확인해 보니, 과연 백제의 병사가 숨어 있었다. 또 "나는 모년 모월 모일에 죽을 것이니, 忉利天(도리천)에 묻으라." 했는데, 그날이 되자 왕이 죽었다 한다.

## ❶ 한자어 풀이

- 美貌(미모) : 아름다운 얼굴 모습.
- 思慕(사모) : 그리워함. 우러러 받듦.
- 形容(형용) : 생긴 모양. 사물의 어떠함을 설명함.
- 憔悴(초췌) : 고생이나 병 등에 지쳐서 파리함.
- 香禮(향례) : 향료에 불을 피우는 의식.
- 還宮(환궁) : 임금이 대궐로 돌아옴.
- 卒倒(졸도) : 정신을 잃음. 기절.
- 至高(지고) : 더할 나위 없이 높음.

| 한자 학습 |
|---|
| 宮(집 궁) |
| 鬼(귀신 귀) |
| 倒(넘어질 도) |
| 貌[皃](모양 모) |
| 郊(들 교) |
| 廟[庿](사당 묘) |
| 倉(당황할 창) |
| 埋(묻을 매) |
| 臭(냄새 취) |
| 標(표할 표) |
| *馥(향기 복) |

## ❷ 한자 및 한자어 탐색

| 한자 | 뜻과 음 | 한자어 연구 |
|---|---|---|
| 活 | 살 활 | 活氣(활기) : 활발한 기개나 기운.<br>活動(활동) : 일의 성과를 거두기 위하여 운동함. |
| 里 | 마을 리 | 里俗(이속) : 마을의 풍속.<br>鄕里(향리) : 고향의 마을. 고향. |
| 美 | 아름다울 미<br>↔미울 추(醜) | 美觀(미관) : 아름다워 볼 만한 경관.<br>美容(미용) : 얼굴 따위를 아름답게 다듬는 일. |
| 禮[礼] | 예절 례 | 禮遇(예우) : 예로써 대우함.<br>禮拜(예배) : 공경하는 마음으로 절함. 기독교에서, 하나님께 기도와 찬송을 드리는 일. |
| 香 | 향기 향 | 香臭(향취) : 향(香) 냄새. 좋은 냄새.<br>香馥(향복) : 향기가 있음. 전(轉)하여 덕화·명성이 있음.<br>埋香(매향) : 향(香)을 묻음. 곧, 미인(美人)이 죽어서 매장함을 이름. |
| 卒[卆] | 마칠 졸<br>갑자기 졸 | 卒兵(졸병) : 병사. 병졸.<br>倉卒(창졸) : 미처 어찌할 새 없이 급작스러움. |

사랑편 129

**심화학습**

**부수 공부**

里(마을 리)

'里' 자는 '田(밭 전)' 자와 '土(흙 토)' 자가 합쳐진 글자로, 모두 사람과 가까운 거리에 있어 '마을'을 뜻한다.

| 한자 학습 | 里(마을 리)  野(들 야)  量(헤아릴 량) |
|---|---|
| 성어 학습 | 前程萬里(전정만리) : 나이가 젊어서 뜻을 이룰 시간적 여유가 많음. |

### 3 생활 한자어 활용

- 대보름날 밤에 洞里 아이들이 불꽃놀이를 하였다.
- 우리 속담에 十里도 못 가서 발병 난다는 말이 있다.
- 里長이 동네 주민을 대표하여 국가에 보상을 청구하였다.
- 도로와 항로에 里程標가 있듯이, 우리의 삶에도 이정표가 있다.

### 4 주요 성어 탐색

- 咸興差使(함흥차사) : 함흥으로 간 차사라는 뜻으로, 심부름을 가면 아주 소식이 없거나 더디 올 때에 쓰는 말.
- 男兒須讀五車書(남아수독오거서) : 남아는 모름지기 다섯 수레에 실을 만한 많은 책을 읽어야 한다는 뜻. 多讀(다독).
- 上火下澤(상화하택) : 《주역》에 나오는 말로, 위에는 불 아래는 못이라는 뜻. 즉 서로 이반하고 분열하는 현상을 말함.

### 생각 키우기

1. 선덕여왕을 사모하여 얼굴이 초췌해진 지귀를 보고 어떤 생각을 했습니까?

2. 선덕여왕의 지혜로운 행동에 대해 이야기해 봅시다.

## 14 서로 보고 싶어도 꿈에서나 만날 뿐

서로 보고 싶어도 꿈에서나 만날 뿐(相思相見只憑夢)
내가 임을 찾아갔을 때 임이 나를 찾는다(儂訪歡時歡訪儂)
바라건대! 아득한 어느 다른 날 밤 꿈엔(願使遙遙他夜夢)
일시에 같이 꿈꾸어 길 중간 지점에서 만나길……(一時同作路中逢) (대동시선)

**해설 및 보충설명**

黃眞伊(황진이)²⁾는 조선 中宗(중종) 때 女流詩人(여류시인)으로 本名(본명)은 眞(진)이다. 그는 詩(시)·書(서)·音律(음률)에 뛰어났으며, 出衆(출중)한 容貌(용모)로도 유명하다. 15세 무렵에 동네 총각이 자기를 戀慕(연모)하다가 相思病(상사병)으로 죽자 기생이 되어 당대 일류 名士(명사)들과 교류하였다. 徐敬德(서경덕), 朴淵瀑布(박연폭포)와 함께 松都三絶(송도삼절)로 불린다. 여기의 시는 서로 보고 싶어도 신분상의 제약 등으로 꿈속에서나 만날 수밖에 없는 간절한 사랑을 노래한 것이다. 특히 結句(결구)에서 같은 時間帶(시간대)에 같이 꿈꾸어 길 중간 지점에서 만나길 바라는 心想(심상)은 그의 油油(유유)한 사랑의 극치를 보여 주고 있다.

---

2) 황진이(黃眞伊) : 생몰연대 잘 모름. 일명 진랑(眞娘). 기명(妓名) 명월(明月). 개성(開城) 출생. 중종 때 진사(進士)의 서녀(庶女)로 태어났으나, 사서삼경(四書三經)을 읽었으며, 문인(文人)·석유(碩儒)들과 교유하며 탁월한 시재(詩才)와 용모로 그들을 매혹시켰다. 당시 10년 동안 수도(修道)에 정진하여 생불이라 불리던 천마산(天馬山) 지족암(知足庵)의 지족선사(知足禪師)를 유혹하여 파계(破戒)시켰고, 당대의 대학자 서경덕(徐敬德)과는 사제관계(師弟關係)를 맺었다.

## 1 한자어 풀이

- 女流詩人(여류시인) : 여자 시인.
- 音律(음률) : 소리와 음악의 가락.
- 出衆(출중) : 뭇사람들 속에서 뛰어남.
- 容貌(용모) : 얼굴 모양.
- 戀慕(연모) : 사랑하여 그리워함.
- 相思病(상사병) : 남녀 사이에 서로 그리워 못 잊어서 나는 병.
- 名士(명사) : 사회에 이름이 난 사람.
- 心想(심상) : 마음속의 생각. 마음.
- 油油(유유) : 태도가 부드럽고 삼가는 모양.

**한자 학습**

遙(멀 요)
娘(각시 낭)
戀[変](사모할 련)
庶(모두 서)
尋(찾을 심)
*淵[渊](못 연)
*遣(보낼 견)

## 2 한자 및 한자어 탐색

| 한자 | 뜻과 음 | | 한자어 연구 |
|---|---|---|---|
| 他 | 다를 | 타 | 他界(타계) : 다른 세계. 귀인의 죽음.<br>他律(타율) : 어떤 일을 자기 뜻에 따라 하지 못하고 남의 명령이나 억누르는 힘에 따라 할 수 없이 하는 상태. |
| 訪 | 찾을 | 방 | 尋訪(심방) : 방문하여 찾아 봄.<br>訪問客(방문객) : 찾아온 손님. |
| 使 | 부릴 | 사 | 使役(사역) : 남을 부리어 일을 함.<br>遣使(견사) : 외국에 사신을 보냄, 또는 그 사람 |
| 油 | 기름 | 유 | 油田(유전) : 석유가 나는 곳.<br>食用油(식용유) : 먹을 수 있는 기름. |
| 歡 [歓,欢] | 기쁠 | 환 | 歡呼(환호) : 기뻐서 부르짖음.<br>歡待(환대) : 정성껏 후하게 대접함. |
| 逢 | 만날 | 봉 | 逢着(봉착) : 당면함. 맞닥뜨림.<br>逢變(봉변) : 뜻밖의 변을 당함. |

**심화학습**

**자원 한자 공부**

房　訪
　　方　防
　　放

| 한자 학습 | 方(모 방)　房(방 방)　訪(찾을 방)　防(막을 방)　放(놓을 방)<br>倣(본받을 방)　傍(곁 방) |
|---|---|
| 자원 분석 | 方〔방위, 모〕<br>房〔방〕 = 戶〔집〕 + 方 음<br>訪〔찾다〕 = 言〔말하다〕 + 方 음<br>防〔막다〕 = 阝〔언덕〕 + 方 음<br>放〔놓다〕 = 攵〔두드리다〕 + 方 음<br>倣〔본받다〕 = 亻〔사람〕 + 放 음<br>傍〔곁〕 = 亻〔사람〕 + 旁 음 |

### ❸ 생활 한자어 활용

- 나는 수학 *方面*에 재능이 있어 공과대학에 진학할 예정이다.
- 우리들은 이번 수학여행에 남해안 일대의 문화 유적지를 *探訪*할 예정이다.
- *訪韓* 중인 일본 외상은 양국 간 긴장 완화를 위해 상호 노력할 것을 제의하였다.
- 이순신에 대한 드라마가 방영된 후 현충사를 *訪問*하는 사람들이 부쩍 늘었다.

### ❹ 주요 성어 탐색

- 克己復禮(극기복례) : 사욕을 누르고 예(禮)로 돌아감.
- 捲土重來(권토중래) : 한번 패하였다가 세력을 회복하여 다시 쳐들어옴. 어떤 일에 실패한 뒤 힘을 쌓아 다시 그 일에 착수함.

**생각 키우기**

1. 꿈속에서나 이루어질 수 있는 사랑을 노래한 황진이의 애절한 심정을 시로 표현해 봅시다.

2. 황진이는 결구에서 "같은 시간대에 같이 꿈꾸어 길 중간 지점에서 만나자"고 했는데, 이 노래의 상징적 의미는 무엇입니까?

사랑편 **133**

# 15 어머니와 헤어지면서

늙으신 어머니는 강릉에 계시는데(慈親鶴髮在臨瀛)
서울을 향해 홀로 가는 이 내 심정(身向長安獨去情)
고개 돌려 고향 마을 바라보니(回首北村時一望)
흰 구름 날리고 해 저물녘 산만 푸르구나!(白雲飛下暮山靑) (대동시선)

**해설 및 보충설명**

申師任堂(신사임당)³⁾은 출가한 지 몇 달도 안 되어 아버지가 세상을 떠나자, 홀로 계신 어머니를 모시고 강릉에서 생활하였다. 아버지 3년 상을 마치고, 사임당은 떨어지지 않는 발길을 돌려 어린 栗谷(율곡)을 데리고 어머니 곁을 떠나야 했다. 대관령 아흔 아홉 구비를 돌아 嶺(영)마루에 올랐을 때, 그의 마음은 온통 서운함과 아쉬움 그리고 어머니를 모시지 못하는 안타까움으로 가슴이 메워져 그 서글픔을 形言(형언)할 수 없었을 것이다. '대관령을 넘으며 친정을 바라보다[踰大關嶺望親庭 유대관령망친정]'는 이 詩(시)는 그의 어머니에 대한 哀切(애절)한 사랑을 잘 보여주고 있다.

---

3) 신사임당(申師任堂) (1504~1551) : 본관은 평산(平山). 호는 사임당(師任堂·思任堂·師妊堂)·시임당(媤妊堂)·임사재(任師齋)이다. 강원도 강릉(江陵) 출생이며, 율곡 이이(李珥)의 어머니이다. 효성이 지극하고 지조가 높았으며 어려서부터 경문(經文)을 익히고 문장·침공(針工)·자수(刺繡)에 능했으며, 특히 시문(詩文)과 그림에 뛰어나 여러 편의 한시(漢詩) 작품이 전해진다. 또한 안견(安堅)의 영향을 받은 화풍(畵風)은 여성 특유의 정묘함을 더하여 한국 제일의 여류화가라는 평을 듣는다. 산수(山水)·포도·풀·벌레 등을 잘 그렸다. 자녀 교육에도 남다른 노력을 기울여 현모양처(賢母良妻)의 귀감(龜鑑)이 되었다.

## ❶ 한자어 풀이

- 臨瀛(임영) : 강릉의 딴 이름.
- 慈親(자친) : 남에게 자기 어머니를 가리켜 일컫는 말.
- 鶴髮(학발) : 학의 깃털처럼 흰 머리털.
- 形言(형언) : 형용하여 말함.
- 哀切(애절) : 몹시 애처롭고 슬픔.

| 한자 학습 |
|---|
| 嶺(고개 령) |
| 臨[临](임할 임) |
| 切(끊을 절) |
| 霧(안개 무) |
| 付(줄 부) |
| 稻(벼 도) |
| 梨(배 리) |
| 趣(달릴 취) |
| 旦(아침 단) |
| *僻(궁벽할 벽) |

## ❷ 한자 및 한자어 탐색

| 한자 | 뜻과 음 | | 한자어 연구 |
|---|---|---|---|
| 向 | 향할 | 향 | 向上(향상) : 위로 오름. 능력이나 수준이 높아짐.<br>趣向(취향) : 목표를 정하고 그곳을 향하여 감. |
| 回 | 돌 | 회 | 回想(회상) : 지나간 일을 돌이켜 생각함.<br>回軍(회군) : 군대를 돌려 돌아가거나 돌아옴. |
| 暮 | 저물 | 모 | 歲暮(세모) : 한해의 마지막 무렵.<br>旦暮(단모) : 해뜰 무렵과 해질 무렵. 또는 아침과 저녁. |
| 村 | 마을 | 촌 | 僻村(벽촌) : 궁벽한 마을.<br>村婦(촌부) : 시골 아낙네. |
| 雲 | 구름 | 운 | 雲霧(운무) : 구름과 안개.<br>稻雲(도운) : '넓은 벌판에 무성하게 자라 넘실거리는 벼의 광경'을 구름에 비겨 이른 말. |
| 飛 | 날 | 비 | 飛報(비보) : 급히 알림. 급한 통지.<br>烏飛梨落(오비이락) : "까마귀 날자 배 떨어진다."는 뜻으로, 남의 혐의를 받기 쉬운 우연의 일치의 행위. |

사랑편 135

## 심화학습

**자원 한자 공부**

守  村  府
   寸
   討

| 한자 학습 | 寸(마디 촌)  村(마을 촌)  守(지킬 수)  討(칠 토)  府(관청 부) |
|---|---|
| 자원 분석 | 寸〔마디, 작다, 법도〕 = 十〔←又 손〕 + 、〔맥박〕<br>村〔마을〕 = 木〔나무〕 + 寸 음<br>守〔지키다〕 = 宀〔집, 관청〕 + 寸〔←手〕 음<br>討〔치다, 다스리다〕 = 言〔말하다〕 + 肘〈省〉 음<br>府〔관청〕 = 广〔창고〕 + 付 음 |

### ❸ 생활 한자어 활용

- 신도시를 중심으로 새로운 村落들이 형성되고 있다.
- 기차에서 바라본 江村의 풍경은 한가롭고 아름다웠다.
- 농축산물 수입 개방 여파로 해마다 農村 인구가 감소하고 있다.
- 10년 전에 갈대밭이었던 이곳이 지금은 田園村으로 탈바꿈되었다.

### ❹ 주요 성어 탐색

- 金科玉條(금과옥조) : 금과 옥 같은 법이란 뜻으로, 소중히 여기고 꼭 지켜야 하는 법률, 또는 절대적인 것으로 여기어 지키는 규칙이나 교훈.
- 近墨者黑(근묵자흑) : 먹을 가까이하면 검어진다의 뜻으로, 나쁜 사람을 가까이하면 물들기 쉬움을 이름, 즉 환경의 중요성을 말함. 近朱者赤(근주자적)

### 생각 키우기

1. 어머니와 헤어지며 애틋한 심정을 노래한 신사임당의 고뇌에 대해 이야기해 봅시다.

2. 우리를 낳아 길러주신 부모님의 은혜를 어떻게 갚을지 생각해 보도록 합시다.

## 16 눈먼 처녀와 결혼하다

判書(판서) 朴遾(박서)가 어릴 때 約婚(약혼)을 하였는데, 장가들기 전에 약혼녀가 나쁜 병으로 두 눈이 멀었다는 말이 들렸다. 이 때문에 그의 형이 다른 혼처를 구하려 하니, 이 때 공이 말하였다.

"병으로 눈이 먼 것은 천명이오 罪(죄)가 아니니, 눈먼 처녀와 결혼하겠습니다. 사람이 信義(신의)가 없다면, 이 세상에서 살아갈 수 없으니 이는 바꿀 수 없는 일입니다."

그런데 結婚式(결혼식) 날 보니, 그 처녀는 눈이 멀지 않았다. 이는 그 집과 怨恨(원한) 관계에 있는 사람이 그 결혼을 妨害(방해)하기 위해 造作(조작)한 浪說(낭설)이었던 것이다. (풍암집화)

**해설 및 보충설명**

박서가 청년 시절에 약혼을 하였으나, 그 처녀가 갑자기 눈이 멀었다는 소문이 들렸다. 이 때문에 형이 그를 위해 새 혼처를 구하려 했으나 그는 이를 말렸으며, 대신 인간 사회에 있어서의 信義(신의)의 중요성을 언급했다. 그가 만일 私的(사적)인 이기심이 發動(발동)하여 형의 말에 무조건 순종했더라면, 그의 삶은 어찌되었을까?

우리는 세상을 살아가는 과정에서 박서와 같은 불행을 만날 수 있다. 이 때 신의와 誠意(성의)를 우선으로 하여 處身(처신)한다면 인간된 도리에서 크게 어그러지지는 않을 것이다.

### 1 한자어 풀이

- **約婚**(약혼) : 결혼하기로 약속함.
- **信義**(신의) : 믿음성과 의리.
- **結婚式**(결혼식) : 시집가고 장가드는 날의 의식.
- **怨恨**(원한) : 원통한 생각.
- **妨害**(방해) : 어떤 일을 제대로 하지 못하도록 함.
- **造作**(조작) : 일부러 무엇과 비슷하게 만듦. 지어 만듦.
- **浪說**(낭설) : 터무니없는 소문.
- **發動**(발동) : 일이 시작됨. 동력(動力)을 일으킴.
- **處身**(처신) : 세상살이나 어떤 자리에서 가져야 할 몸가짐이나 행동.

> **한자 학습**
> 妨(방해할 방)
> 潮(조수 조)
> 株(그루 주)

### 2 한자 및 한자어 탐색

| 한자 | 뜻과 음 | | 한자어 연구 |
|---|---|---|---|
| 判 | 판단할 | 판 | 判決(판결) : 시비나 선악을 판단함.<br>判定(판정) : 판별하여 결정함. |
| 罪 | 허물 | 죄 | 罪過(죄과) : 죄. 나쁜 짓.<br>罪人(죄인) : 죄를 범한 사람. |
| 式 | 법 | 식 | 式場(식장) : 예식을 하는 장소.<br>株式(주식) : 주식회사의 기본 구성 단위. |
| 怨 | 원망할 | 원 | 怨聲(원성) : 원망하는 소리.<br>怨恨(원한) : 원통하고 한이 되는 생각. |
| 恨 | 한탄할 | 한 | 餘恨(여한) : 풀지 못하고 남은 원한.<br>恨歎(한탄) : 원통하거나 뉘우치는 마음에서 탄식함. |
| 害 | 해로울 | 해 | 害毒(해독) : 독이 되어 해치는 것.<br>被害(피해) : 재물·명예·신체·정신상으로 손해를 입는 상태.<br>潮害(조해) : 간석지(干潟地) 등에 조수가 들어서 입는 피해. |

### 심화학습

**부수 공부**

心(마음 심) · 忄(심방변) · 㣺(밑 마음 심)

'心'자는 '심장'의 모양에서 비롯된 글자이다. 이는 '마음'이나 '중요 부분'이란 뜻도 있다.

| 한자 학습 | 心(마음 심)　怨(원망할 원)　恨(한탄할 한)　*惇(도타울 돈) |
|---|---|
| 성어 학습 | 惇謹(돈근) : 인정이 도탑고 조심성이 많음.<br>人面獸心(인면수심) : 사람의 낯에 짐승의 마음. 마음이나 행동이 몹시 흉악함, 또는 그런 사람. |

### ③ 생활 한자어 활용

- 갑자기 공공요금을 인상하자 국민들의 怨聲이 높아졌다.
- 나는 성적표를 보고 점수가 왜 이 지경인지 恨歎한 적이 있다.
- 그는 시험에서 마킹을 잘못한 자신의 경솔한 행동을 怨望하였다.
- 너그러운 마음씨의 소유자는 怨恨 관계에 있는 사람에게도 사랑을 베풀 줄 안다.

### ④ 주요 성어 탐색

- 賢母良妻(현모양처) : 자식에게는 어진 어머니, 남편에게는 착한 아내.
- 琴瑟之樂(금슬지락) : 부부 사이의 다정하고 화목한 즐거움. 琴瑟(금슬).
- 錦上添花(금상첨화) : 비단 위에 꽃을 더하다는 뜻으로, 좋은 것에 더 좋은 것을 더함.

**생각 키우기**

1. 눈먼 처녀와 결혼할 처지에 있었으나, 이를 바꾸지 않았던 박서의 행동에서 우리는 무엇을 배울 수 있습니까?
2. '신의(信義)'가 일상생활에서 얼마나 중요한 일인지 토의해 봅시다.

## 17. 사군자는 재물을 늘이려 해서는 안 된다

松齋(송재) 韓忠(한충)4)은 재산을 가볍게 여겨 남 도와주기를 좋아하였다. 그의 아버지 昌愈(창유)가 일찍이 穀食(곡식) 數百(수백) 섬을 貯蓄(저축)하려 하자, 공은 조용히 아버지께 말씀을 올렸다.

"士君子(사군자)는 마땅히 財物(재물)을 늘이려 해서는 안 된다고 합니다."

"너의 말이 옳으니, 네 뜻대로 처리하라."

공은 생활이 窮乏(궁핍)한 一家(일가) 사람들과 고장의 가난한 사람들을 모아 곡식을 나누어 주니, 사람들이 모두 그 뜻에 감탄하였다. (월사집)

**해설 및 보충설명**

하늘이 이 세상에 甲富(갑부)를 내림은, 한 개인의 豪華好食(호화호식)만을 위한 명령은 아닐 것이다. 이는 진정으로 가난한 사람들을 구제하고, 남을 위해 봉사하라는 하늘의 뜻임을 알아야 한다. 한충은 재산을 가볍게 여기고 남 도와주기를 좋아했다. 그가 궁핍한 일가나 가난한 사람들에게 곡식을 나누어 준 일은 곧 천명에 순응한 행위로, 하늘의 거룩한 뜻을 성실히 실천한 것이다. "하늘에 죄를 지면 빌 곳이 없다."라 했다. 우리는 한충처럼 천명을 알고 이를 실천할 줄 아는 智人(지인)이 되어야 하지 않겠는가?

---

4) 한충(韓忠) (1486~1521) : 본관 청주. 자 서경(恕卿). 호 송재(松齋). 시호 문정(文貞). 청주 출생. 주부 창유(昌愈)의 아들. 1510년(중종 5) 생원이 되고 1513년 별시문과(別試文科)에 장원, 전적(典籍)을 거쳐 정언(正言)·이조정랑·응교(應敎) 등을 역임하였다. 기묘사화(己卯士禍)가 일어나자 조광조(趙光祖)와 교유가 있었다 하여 거제도에 유배되고, 1521년(중종 16) 신사무옥(辛巳誣獄)에 연루되어 의금부(義禁府)에 투옥되었다가 장살(杖殺)당하였다. 율려(律呂)·음양(陰陽)·천문(天文)·지리(地理)·복서(卜筮)에 모두 능하였다.

## 1 한자어 풀이

- 穀食(곡식) : 사람들이 먹는 쌀·보리·조·기장·콩 따위의 총칭.
- 數百(수백) : 백의 두서너 배.
- 貯蓄(저축) : 절약하여 모아 둠.
- 士君子(사군자) : 학문과 덕행이 높은 사람을 일컫는 말.
- 財物(재물) : 돈이나 그 밖의 값나가는 물건.
- 窮乏(궁핍) : 곤궁하고 가난함.
- 一家(일가) : 한집안. 가정.
- 甲富(갑부) : 첫째가는 부자.
- 豪華好食(호화호식) : 사치스럽고 번화하게 좋아하는 음식을 먹고 생활함.

**한자 학습**
窮(궁할 궁)
卜(점 복)
恕(용서할 서)
蓄(쌓을 축)
豪(호걸 호)
*僑(더부살이 교)

## 2 한자 및 한자어 탐색

| 한자 | 뜻과 음 | | 한자어 연구 |
|---|---|---|---|
| 松 | 소나무 | 송 | 松柏(송백) : 소나무와 잣나무.<br>松花(송화) : 소나무의 꽃가루. |
| 甲 | 첫째천간 | 갑 | 甲富(갑부) : 첫째가는 부자.<br>回甲(회갑) : 61세를 말함. 환갑. |
| 華 | 빛날 | 화 | 華麗(화려) : 번화하고 고움.<br>華僑(화교) : 외국에 사는 중국 사람. |
| 穀 | 곡식 | 곡 | 穀類(곡류) : 곡식의 종류.<br>穀物(곡물) : 사람이 주식으로 하는 곡식. |
| 貯 | 쌓을 | 저 | 貯水池(저수지) : 물을 모아 둔 연못.<br>貯金(저금) : 돈을 은행에 맡겨 모아 둠. |
| 財 | 재물 | 재 | 財界(재계) : 경제인의 세계.<br>財政(재정) : 공적 예산에 근거한 금액. |

**심화학습**

**부수 공부**

貝(조개 패)

'貝' 자는 '조개'를 뜻하는 글자이다. 옛날에 조개는 화폐로 사용되었다. 조개가 화폐로 사용될 수 있었던 것은 작고 가벼우며 물이나 불에도 잘 변하지 않기 때문이다.

| 한자 학습 | 貝(조개 패)  財(재물 재)  貯(쌓을 저) |
|---|---|
| 성어 학습 | 貝物(패물) : 산호, 호박, 수정 따위로 만든 물건. |

### ③ 생활 한자어 활용

- 운동선수에게는 몸이 財産이다.
- 절약과 貯蓄은 인간의 한 덕성이다.
- 財貨나 명예를 위한 인간의 욕심은 끝이 없다.
- 오늘 財數가 좋으려는지 어젯밤에 돼지꿈을 꾸었다.

### ④ 주요 성어 탐색

- 金枝玉葉(금지옥엽) : 금으로 된 나뭇가지에 옥 잎사귀란 뜻으로, 귀여운 자손을 이름.
- 錦衣夜行(금의야행) : 비단옷 입고 밤길을 걷는다는 뜻으로, 아무 보람 없는 행동을 이름.
- 狐假虎威(호가호위) : 여우가 호랑이의 위세를 빌어 다른 짐승을 놀라게 함. 남의 권세를 빌려 위세를 부림.

**생각 키우기**

1. 한충의 이웃사랑 정신을 보고 여러분은 무엇을 배웠습니까?

2. 남과 함께 기쁨을 나누었던 경험담을 발표해 보고, 여러분이 남을 위해 봉사할 수 있는 일을 찾아봅시다.

## 18 미천한 백성과 함께 생활하다

　趙光一(조광일)은 鍼術(침술)로 이름이 났으며, 스스로 '針隱(침은)'이라 불렸다. 일찍이 그는 顯達(현달)한 사람의 집에는 가지 않았고, 현달한 사람 역시 그 집에 오지 않았다. 어떤 사람이 묻기를, "자네의 능력으로 어찌 현달한 사람과 사귀어 명성을 얻지 않고, 골목의 미천한 백성들과 사귀어 노는가?" 하였다. 광일은 웃으며, "저 존귀하고 현달한 사람들이야 그들을 치료하는 醫員(의원)이 많겠지만, 불쌍한 사람은 오직 困窮(곤궁)한 백성들뿐이다.〈중략〉"라 하였다. (호산외기)

**해설 및 보충설명**　조광일은 침술로 당시 이름을 날렸으나, 부귀한 사람들보다는 가난하고 미천한 사람들을 주로 치료하였다. 그 이유는 현달한 사람은 自己(자기)가 아니더라도 다른 의원들의 치료를 받을 수 있으나, 빈천한 사람은 疾病(질병)이 있어도 치료받을 수 있는 기회조차 주어지지 않기 때문이다. 그는 이 같은 事情(사정)을 알고 기쁜 마음으로 가난하고 어려운 사람들 치료에 앞장섰으니, 그의 醫術(의술)은 곧 仁術(인술)의 실천인 셈이다.

## ❶ 한자어 풀이

- 鍼術(침술) : 침으로 병을 다스리는 기술.
- 顯達(현달) : 벼슬과 명망이 높아서 세상에 드러남.
- 醫員(의원) : 의사와 의생(醫生)의 총칭.
- 困窮(곤궁) : 어렵고 궁함.
- 自己(자기) : 저. 제 몸. 자신.
- 疾病(질병) : 몸에 생기는 병.
- 事情(사정) : 일의 형편. 딱한 처지를 하소연하여 도움을 비는 일.
- 醫術(의술) : 의학에 관한 기술. 병을 고치는 기술. 인술(仁術).
- 仁術(인술) : 의술(醫術). 어진 덕을 베푸는 방도.

> **한자 학습**
> 克(이길 극)
> 疾(병 질)
> 姦(간사할 간)
> *趙(성 조)
> *憾(섭섭할 감)
> *秒(분초 초)
> *炊(불땔 취)

## ❷ 한자 및 한자어 탐색

| 한자 | 뜻과 음 | | 한자어 연구 |
|---|---|---|---|
| 針 | 바늘 | 침 | 秒針(초침) : 시계에서 초를 가리키는 바늘.<br>毒針(독침) : 벌·개미 따위의 암컷 복부 끝에 있는 바늘 같은 기관. |
| 醫<br>[医] | 의원 | 의 | 醫藥(의약) : 의료에 쓰는 약품.<br>醫學(의학) : 의술에 관한 학문 |
| 困 | 곤할 | 곤 | 困難(곤란← 곤난) : 어려움.<br>疲困(피곤) : 몸이 지치어 고달픔. |
| 自 | 스스로<br>↔다를 | 자<br>타(他) | 自覺(자각) : 스스로 깨우치는 것.<br>自炊(자취) : 손수 밥을 지어 먹음. |
| 己 | 몸 | 기 | 克己(극기) : 자기의 사욕을 이지(理智)로써 눌러 이김.<br>知己(지기) : 서로 마음이 통하는 벗. 지기지우(知己之友)의 준말. |
| 情 | 뜻 | 정 | 姦情(간정) : 나쁜 마음.<br>憾情(감정) : 마음에 언짢게 여기어 원망하거나 성나는 마음. |

**심화학습**

**자원 한자 공부**

疾　医/矢/醫　知

| 한자 학습 | 矢(화살 시)　医(의원 의)　醫(의원 의)　疾(병질)　知(알 지)<br>矯(바로잡을 교) |
|---|---|
| 자원 분석 | 矢〔화살의 모양〕<br>医〔의원〕 = 匸〔감추다, 덮다〕 + 矢 음<br>醫〔의원〕 = 酉〔술〕 + 殹 음<br>疾〔병들다〕 = 疒〔앓다〕 + 矢 음<br>知〔알다〕 = 口〔말하다〕 + 矢〔화살〕<br>矯〔바로잡다〕 = 矢〔화살〕 + 喬 음 |

### ❸ 생활 한자어 활용

- 우리 동네 **醫院**은 항상 많은 환자로 붐빈다.
- 과학의 발달로 현대 **醫術**이 날로 좋아지고 있다.
- 사랑을 실천하는 **醫師**는 인간 생명을 구하는 천사이다.
- **名醫**로 알려진 허준은 환자의 생명을 구하기 위해 필사의 노력을 하였다.

### ❹ 주요 성어 탐색

- **懸河之辯**(현하지변) : 물 흐르듯 거침없이 하는 말. 말 잘함.
- **騎虎之勢**(기호지세) : 호랑이를 탄 형세(形勢). 중도에서 그만둘 수 없게 된 형세.
- **氣高萬丈**(기고만장) : 일이 뜻대로 잘되어 기세가 대단함, 또는 펄펄 뛸 만큼 몹시 성이 남.

**생각 키우기**

1. 인간의 불평·불만은 어디에 그 원인이 있는지 생각해 봅시다.
2. 아름다운 세상을 만들기 위해 여러분은 지금 어떤 노력을 하고 있습니까?

## 19 통치자는 백성을 위해서 있다

통치자는 백성을 위해 있는가? 백성이 통치자를 위해 사는가? 〈중략〉 백성이 고혈을 다 짜서 그 통치자를 살찌우니, 백성은 통치자를 위해 사는 것인가? 아니다. 통치자는 백성을 위해 있는 것이다. (여유당전서)

**해설 및 보충설명**

모든 통치자들은 하늘의 명령을 받아 백성을 다스린다. 통치자는 絶對(절대) 권력을 利用(이용)해서 백성들 위에 군림하려 해서는 안 된다. 與猶堂(여유당) 정약용[5]은 "통치자는 백성을 위해서 있다."고 前提(전제)하고, "백성이 통치자를 위해서 사는 일"은 잘못된 것임을 역설했다. 그러므로 통치자는 個人的(개인적) 利益(이익)이나 便安(편안)함을 위해 백성을 부려서는 안 되며, 오직 백성의 풍요로운 삶을 위해 봉사하는 마음의 자세를 간직해야 한다.

---

5) 정약용(丁若鏞) (1762~1838) : 조선 후기의 문신·실학자. 자는 미용(美鏞) 호는 철마산인(鐵馬山人)·다산(茶山). 당호는 여유당(與猶堂). 천주교 교명은 요안, 시호는 문도(文度). 본관은 나주이다. 총 500여 권을 헤아리는 그의 〈여유당전서(與猶堂全書)〉는 대체로 6경 4서, 1표 2서, 시문잡저 등으로 되어 있다.

## ❶ 한자어 풀이

> 한자 학습
> 提(끌 제)
> 黨[党](무리 당)
> *柯(가지 가)

- 絕對(절대) : 견줄 만한 다른 것이 없음. 아무것에도 제약받지 않음.
- 利用(이용) : 이롭게 씀. 자신을 위하여 남이나 물품을 부려 씀.
- 前提(전제) : 일의 밑바탕이 되는 것. 일을 이끌어 내는 앞머리.
- 個人的(개인적) : 개인에 관계되는 것. 또는, 개인을 중심으로 하는 것.
- 利益(이익) : 이롭거나 보탬이 되는 일.
- 便安(편안) : 몸과 마음이 힘들거나 괴롭지 않고 좋음.

## ❷ 한자 및 한자어 탐색

| 한자 | 뜻과 음 | | 한자어 연구 |
|---|---|---|---|
| 絕 | 끊을 | 절 | 絕景(절경) : 뛰어난 경치.<br>痛絕(통절) : 단호히 관계를 끊음. 결연히 그만둠. |
| 猶 | 오히려 | 유 | 猶豫(유예) : 일이나 날짜를 뒤로 미룸.<br>猶父猶子(유부유자) : 아버지 같고 자식 같다는 뜻. 삼촌과 조카 사이. |
| 與<br>[与] | 더불<br>↔들 | 여<br>야(野) | 給與(급여) : 봉급이나 임금 등의 총칭.<br>與黨(여당) : 행정부와 한편인 정당. ↔ 야당(野黨). |
| 個 | 낱 | 개 | 個別(개별) : 낱낱이.<br>個體(개체) : 개별적으로 생활을 영위하는 생물체. |
| 益 | 더할<br>↔덜 | 익<br>손(損) | 便益(편익) : 편하고 유익함.<br>益鳥(익조) : 해충을 잡아먹는 유익한 새. |
| 便 | 편안 | 편 | 便法(편법) : 편리한 방법.<br>便乘(편승) : 남의 차에 한 자리를 얻어 탐. |

사랑편 147

**심화학습**

**자원 한자 공부**

興　擧與譽　輿

| 한자 학습 | 與(더불 여)　擧(들 거)　興(흥할 흥)　輿(수레 여) |
|---|---|
| 자원 분석 | 與〔함께, 주다〕 = 牙 + 口 + 与〔←舁〕 (음)<br>擧〔들다〕 = 手〔손〕 + 與 (음)<br>興〔일어나다〕 = 与〔←舁〕 + 同〔같다〕<br>輿〔수레〕 = 車〔수레〕 + 与〔←舁〕 (음) |

## ③ 생활 한자어 활용

- 우리 모두 불우 이웃 돕기 행사에 **參與**합시다.
- 인생의 성공 **與否**는 자신의 노력 여하에 달려 있다.
- 교장 선생님께서 선행 학생들에게 상장을 **授與**하셨다.
- 내 친구는 어려운 **與件** 속에서도 공부를 잘하는 모범생이다.

## ④ 주요 성어 탐색

- 糊口之策(호구지책) : 겨우 먹고 살아갈 수 있는 방책.
- 難兄難弟(난형난제) : 누구를 형이라 하고 누구를 아우라 해야 할지 분간하기 어렵다는 뜻으로, 서로 우열이나 정도의 차이를 판단하기 어려움의 비유.
- 南柯一夢(남가일몽) : 당나라 순우분이라는 사람이 나무 밑에서 잠이 들어 꿈속에 남가(南柯) 군수가 되어 이십 년 동안 다스렸으나 깨어나니 꿈이었다는 내용으로, 인생의 덧없는 꿈이나 부귀영화를 말함.

 **생각 키우기**

1. 정약용은 지도자의 태도는 어떠해야 한다고 말하고 있습니까?

2. 맹자는 항심(恒心 ; 변치 않는 떳떳한 마음)을 위해 항산(恒産)의 중요성을 강조하였는데, 정약용의 통치론과 관련지어 설명해 봅시다.

# 종합 정리(사랑)

**자원 한자 공부**

岬　鴨甲鉀　匣

| 한자 학습 | 甲(갑옷, 첫째천간 갑)　押(누를 압)　*岬(곶 갑)　*鴨(오리 압)　*鉀(갑옷 갑)<br>匣(갑 갑) |
|---|---|
| 자원 분석 | 甲〔갑옷, 껍질〕<br>鴨〔오리〕 = 鳥〔새〕 + 甲⑥<br>岬〔곶, 산허리〕 = 山〔산〕 + 甲⑥<br>鉀〔갑옷〕 = 金〔쇠〕 + 甲⑥<br>匣〔갑〕 = 匚〔상자〕 + 甲⑥<br>押〔누르다〕 = 扌〔손〕 + 甲⑥ |

魄　魂鬼愧　傀

| 한자 학습 | 鬼(귀신 귀)　魂(넋 혼)　愧(부끄러워할 괴)　塊(흙덩이 괴)　醜(추할 추)<br>*魔(마귀 마)　*傀(허수아비 괴)　*魅(홀릴 매)　*槐(회화나무 괴)　魄(넋 백) |
|---|---|
| 자원 분석 | 鬼〔귀신〕<br>魂〔넋〕 = 鬼〔귀신〕 + 云⑥<br>愧〔부끄럽다〕 = 忄〔마음〕 + 鬼⑥<br>塊〔흙덩이〕 = 土〔흙〕 + 鬼⑥<br>魔〔마귀〕 = 鬼〔귀신〕 + 麻⑥<br>醜〔보기 흉하다〕 = 鬼〔귀신〕 + 酉⑥<br>傀〔허수아비〕 = 亻〔사람〕 + 鬼⑥<br>魅〔도깨비, 홀리다〕 = 鬼〔귀신〕 + 未⑥<br>魄〔넋〕 = 鬼〔귀신〕 + 白⑥ |

사랑편 149

종합 정리(사랑)

**자원 한자 공부**

嬅　燁華譁　樺

| 한자 학습 | 華(꽃 화)　*嬅(탐스러울 화)　*燁(빛날 엽)　*樺(벗나무, 자작나무 화)　*曄(빛날 엽)　譁(시끄러울 화) |
|---|---|
| 자원 분석 | 華〔꽃, 드리우다, 중국〕 = ⺾〔풀〕 + 琴〔← 㻿〕<br>嬅〔탐스럽다, 여자 이름〕 = 女〔여자〕 + 華 음<br>燁〔빛나다〕 = 火〔불〕 + 華〔← 曄〕 음<br>樺〔벗나무, 자작나무〕 = 木〔나무〕 + 華 음<br>曄〔빛나다〕 = 日〔해〕 + 華〔꽃〕<br>譁〔시끄럽다〕 = 言〔말하다〕 + 華 음 |

○ 한자 정리

| 단원 차례 | 중학교 한자 | 고등학교 한자 | 부수 한자 | 자원 한자 |
|---|---|---|---|---|
| 1 | 身, 分, 父, 秀, 結, 婚 | 閨, 妾, 麗, 需, 析, 割 | 糸 | |
| 2 | 兄, 仁, 慈, 愛, 工, 示 | 攻, 巧, 械, 範, 屈, 俱, 企 | 人·亻 | 工 |
| 3 | 尊, 谷, 論, 景, 命, 令 | 仲, 爵, 背, 敍, 拙, 幽 | | 谷 |
| 4 | 先, 質, 的, 當, 官, 溫 | 毒, 飾, 裝, 洪, 汚, 該, 糖 | 儿 | |
| 5 | 婦, 朝, 會, 治, 度, 量 | 寬, 瞬, 謁, 刊, 器, 懲, 熙, 姑, 寡 | 女 | |
| 6 | 友, 天, 倫, 關, 飯, 族 | 敦, 篤, 係, 茶, 頻, 輪, 紀, 振, 殃 | | 侖 |
| 7 | 話, 柔, 私, 黑, 至, 空 | 儉, 館, 濁, 術, 漆, 欄 | | 舌 |
| 8 | 武, 重, 戰, 果, 改, 草 | 禪, 彈, 距, 剛, 挑 | | 單 |
| 9 | 耕, 井, 哉, 順, 莫, 入 | 微, 頌, 歎, 漠, 募, 慕, 墓, 穫 | | 莫 |
| 10 | 文, 民, 訓, 音, 造, 年 | 介, 舟, 憫, 騷, 聞, 蒸, 瓜, 韻 | | 文 |
| 11 | 逆, 者, 將, 門, 聖, 君 | 侯, 滅, 境 | 門 | |
| 12 | 孫, 叔, 陰, 陽, 福, 加 | 護, 暢, 湯, 倍, 曆 | | 易 |
| 13 | 活, 里, 美, 禮, 香, 卒 | 宮, 鬼, 倒, 貌, 郊, 廟, 倉, 埋, 臭, 標 | 里 | |
| 14 | 他, 訪, 使, 油, 歡, 逢 | 遙, 娘, 戀, 庶, 倣, 傍, 尋 | | 方 |
| 15 | 向, 回, 暮, 村, 雲, 飛 | 嶺, 臨, 切, 霧, 付, 稻, 梨, 趣, 旦 | | 寸 |
| 16 | 判, 罪, 式, 怨, 恨, 害 | 妨, 潮, 株 | 心·忄 | |
| 17 | 松, 甲, 華, 穀, 貯, 財 | 窮, 卜, 怒, 蓄, 豪 | 貝 | |
| 18 | 針, 醫, 困, 自, 己, 情 | 克, 疾, 矯, 姦 | | 矢 |
| 19 | 絶, 猶, 與, 個, 益, 便 | 提, 黨, 輿 | | 與 |
| 총계 | 114개 | 120개 | 8개 | 12개 |

## ○ 부수·자원 한자 정리

| 차례 | 부수 한자 | 해당 한자 | 자원 한자 | 해당 한자 |
|---|---|---|---|---|
| 1 | 糸 | 絲, 結, 細 | | |
| 2 | 人·亻 | 仁, 俱, 企 | 工 | 工, 攻, 功, 江, 貢 |
| 3 | | | 谷 | 谷, 俗, 浴, 欲, 慾 |
| 4 | 儿 | 兄, 先, 元, 光 | | |
| 5 | 女 | 女, 婦, 婚, 好 | | |
| 6 | | | 侖 | 侖, 論, 倫, 淪, 輪 |
| 7 | | | 舌 | 舌, 活, 話, 闊, 括 |
| 8 | | | 單 | 單, 彈, 戰, 禪, 簞 |
| 9 | | | 莫 | 莫, 幕, 漠, 慕, 墓 |
| 10 | | | 文 | 文, 彦, 産, 紋, 憫 |
| 11 | 門 | 門, 開, 間, 閣 | | |
| 12 | | | 易 | 易, 傷, 陽, 揚, 湯 |
| 13 | 里 | 里, 野, 量 | | |
| 14 | | | 方 | 方, 訪, 房, 防, 放, 倣, 傍 |
| 15 | | | 寸 | 寸, 村, 守, 府, 討 |
| 16 | 心·忄 | 心, 怨, 恨 | | |
| 17 | 貝 | 貝, 財, 貯 | | |
| 18 | | | 矢 | 矢, 医, 矯, 疾, 知, 醫 |
| 19 | | | 與 | 與, 擧, 興, 輿, 譽 |

○ 한자능력시험 급수별 한자

| 급 수 | 해당 한자 | 총 수 |
|---|---|---|
| 8급 | 父, 兄, 年, 先, 民, 門 | 6 |
| 7급 | 天, 自, 里, 村, 活, 草, 工, 入, 文, 便, 話, 空, 重, 命 | 14 |
| 6급 | 使, 分, 向, 孫, 度, 式, 愛, 戰, 族, 會, 朝, 果, 油, 溫, 禮, 美, 者, 術, 訓, 身, 醫, 陽, 音 | 23 |
| 5급 | 加, 改, 結, 景, 關, 己, 當, 量, 令, 倍, 福, 順, 示, 友, 雲, 財, 貯, 的, 切, 情, 卒, 罪, 質, 他, 害, 黑 | 26 |
| 4급 | 甲, 個, 儉, 境, 係, 穀, 困, 攻, 官, 君, 屈, 宮, 窮, 器, 紀, 黨, 毒, 麗, 論, 輪, 墓, 武, 妨, 訪, 背, 範, 婦, 飛, 私, 聖, 松, 頌, 秀, 叔, 與, 逆, 怨, 陰, 益, 仁, 將, 裝, 絶, 提, 潮, 造, 尊, 至, 蓄, 治, 針, 歎, 彈, 判, 標, 恨, 香, 護, 婚, 華, 歡, 回 | 62 |
| 3급 | 刊, 姦, 剛, 介, 距, 耕, 械, 姑, 谷, 寡, 瓜, 寬, 館, 巧, 矯, 郊, 俱, 鬼, 閨, 克, 企, 娘, 茶, 旦, 糖, 倒, 挑, 稻, 篤, 敦, 欄, 曆, 戀, 嶺, 倫, 梨, 臨, 漢, 莫, 埋, 滅, 慕, 暮, 貌, 廟, 霧, 微, 憫, 飯, 傲, 傍, 卜, 逢, 付, 頻, 庶, 敍, 恕, 析, 禪, 騷, 需, 瞬, 飾, 尋, 謁, 殃, 輿, 汚, 遙, 韻, 幽, 猶, 柔, 閏, 慈, 爵, 哉, 井, 拙, 株, 舟, 仲, 蒸, 疾, 戀, 倉, 暢, 妾, 臭, 漆, 濁, 湯, 割, 該, 豪, 洪, 穫, 侯, 熙, 振, 遣 | 103 |
| 2급 | 溺, 兢, 膠, 傀, 棋, 僑, 鍵, 壇, 惇, 柯, 揭, 鉀, 岬, 棟, 垂, 杜, 歪, 泌, 摩, 唆, 彭, 炊, 劉, 秒, 締, 崙, 堯, 柴, 瑟, 謨, 鴨, 艾, 趙, 僻, 馥, 峽, 呈, 瑞, 傅, 屍, 苑, 匪, 僚, 彦, 療, 魁, 樺, 揷, 淵, 燁, 閔, 膜, 嬋 | 53 |
| 총수 | 8급 ~ 2급 | 287 |

# 4. 충성편

"물나라에 가을빛이 저무니, 추위에 놀란 기러기 떼 높이 떴네. 근심하는 마음으로 잠 못 이루는 밤에, 새벽달이 활과 칼을 비추고 있네.
〈이순신의 한산도〉

## 1. 충신은 죽어도 임금을 잊지 않는다

성충은 백제 의자왕 때 사람이다. 왕은 淫亂(음란)한 짓과 歡樂(환락)에 빠져 飮酒(음주)를 그치지 아니했다. 이에 성충은 지극히 충간했으나, 왕은 도리어 성을 내며 그를 옥에 가두었다. 성충이 먹지도 않고 죽음에 임하여 글을 올려, "충신은 죽어도 임금을 잊지 못하나니, 원컨대 한마디 말이나 하고 죽고자 합니다. 신이 때와 변화의 기미를 살펴보니, 반드시 전쟁이 있을 듯합니다. 험하고 좁은 곳을 거점으로 삼아 방어하는 것이 좋을 듯합니다."라 하였다. 왕은 끝내 반성하지 않았고, 그는 마침내 옥중에서 죽었다. 당나라와 신라의 군사들이 승세를 타고 도성에 침노함에 이르러, 왕이 탄식하며, "후회스럽도다. 성충의 말을 듣지 않아 이 지경에 이르렀다."라 하였다. (해동속소학)

**해설 및 보충설명**

임금 된 자는 백성의 부모이자 萬人(만인)의 거울이다. 만일 그가 백성의 부모 노릇을 제대로 못하고, 또 지나친 我執(아집)과 偏見(편견)으로 국정을 이끌며 향락에 빠져 있다고 한다면, 한 家庭(가정)도 支撑(지탱)하기 어려운 일인데, 하물며 국가 대사에 있어서랴? 성충은 왕의 그릇된 행동을 보고 忘我(망아)의 정신으로 忠諫(충간)을 다 했지만, 왕은 끝내 그의 말을 受容(수용)하지 않을 뿐 아니라, 그를 감옥에 가두어 죽게 했으니, 百濟(백제)의 衰亡(쇠망)은 우연한 일이 아니었음을 알 수 있다. 의자왕이 昔日(석일)의 잘못을 빨리 認定(인정)하고 성충의 충간을 수용하였다면, 백제는 그리 쉽게 滅亡(멸망)하지 않았을 것이다.

## ❶ 한자어 풀이

> **한자 학습**
> 衰(쇠할 쇠)
> 濟[済](건널 제)
> 却(물러날 각)
> \*偏(치우칠 편)
> \*准(비준 준)
> \*魔(마귀 마)

- 淫亂(음란) : 음탕하고 난잡함.
- 歡樂(환락) : 기뻐하고 즐거워함.
- 飮酒(음주) : 술을 마심.
- 我執(아집) : 스스로의 뜻을 좋다고 여기는 고집.
- 偏見(편견) : 공정하지 못하고 한쪽으로 기울어진 견해.
- 支撐(지탱) : 버티어 나감.
- 忘我(망아) : 자기 자신을 잊음. 또는 그 상태.
- 忠諫(충간) : 충성스러운 마음으로 윗사람의 잘못을 충고함.
- 衰亡(쇠망) : 쇠퇴하여 멸망함.
- 認定(인정) : 확실히 그렇다고 여김.
- 滅亡(멸망) : 나라나 인류 등이 망하여 없어짐.

## ❷ 한자 및 한자어 탐색

| 한자 | 뜻과 음 | | 한자어 연구 |
|---|---|---|---|
| 百 | 일백 | 백 | 百科(백과) : 각종의 학과. 모든 과학.<br>百姓(백성) : 일반 국민. '국민'을 예스럽게 이르는 말. |
| 支 | 지탱할 | 지 | 支配(지배) : 거느려 부리거나 다스림.<br>支給(지급) : 지불하여 줌. 나누어 줌. |
| 受 | 받을 | 수 | 受難(수난) : 재난을 당함.<br>受信(수신) : 통신을 받음. |
| 認 | 알 | 인 | 認定(인정) : 일을 판단하여 결정함.<br>認准(인준) : 행정부에서 행한 행위에 대해 국회가 이를 승인하는 일. |
| 忘 | 없을 | 망 | 忘却(망각) : 잊어버림.<br>忘身(망신) : 자신을 잊음. |
| 昔 | 옛 | 석 | 昔日(석일) : 옛날. 왕년.<br>今昔(금석) : 지금과 옛. |

**심화학습** 　**자원 한자 공부**

惜　措　借
　昔
　錯
鵲

| 한자 학습 | 昔(옛 석)　惜(아낄 석)　借(빌릴 차)　措(둘 조)　錯(섞일 착) 鵲(까치 작) |
|---|---|
| 자원 분석 | 昔〔옛, 오래〕 = 龷〔얇게 썬 고기 모양〕 + 日〔해〕<br>惜〔아깝다〕 = 忄〔←心 마음〕 + 昔(음)<br>借〔빌리다〕 = 亻〔←人 사람〕 + 昔(음)<br>措〔두다〕 = 扌〔←手 손〕 + 昔(음)<br>錯〔섞이다〕 = 金〔쇠〕 + 昔(음)<br>鵲〔까치〕 = 鳥〔새〕 + 昔(음) |

### ③ 생활 한자어 활용

- 서류상 錯誤가 발생할 수 있다.
- 그는 친구에게 돈을 借用하여 병원비를 마련했다.
- 우리 지역이 이렇게 변하다니 今昔之感을 느끼게 한다.
- 다른 학교로 전근 가시는 선생님과 惜別의 정을 나누었다.

### ④ 주요 성어 탐색

- 內憂外患(내우외환) : 안과 밖에 근심거리가 있음.
- 好事多魔(호사다마) : 좋은 일에는 흔히 방해되는 일이 많음.
- 泣兒授乳(읍아수유) : 우는 아이 젖 준다. 무엇이든 자기가 요구해야 얻을 수 있음.

**생각 키우기**

1. 죽음을 무릅쓰고 충간을 올린 성충의 태도에 대해 여러분은 어떻게 생각합니까?
2. 의자왕의 실정(失政)을 말해 보고, 지도자의 통치술에 대해 토의해 봅시다.

## 2 임금께서는 사냥을 가지 마시오

金后稷(김후직)은 新羅(신라) 眞平王(진평왕) 때 사람이다. 왕이 사냥을 좋아하므로, 그는 그 부당함을 간절히 간하였으나 왕은 듣지 않았다. 김후직은 將次(장차) 죽음에 임하여 아들에게, "나는 신하가 되어 임금의 나쁜 점을 바로잡으려 했으나 그 뜻을 이루지 못했다. 내가 죽으면 꼭 나를 왕이 사냥 다니는 길 곁에 묻어라." 하였다. 아들은 아버지의 뜻을 따랐다. 그 뒤 어느 날 왕이 사냥을 나가는데, 길목에서 소리가 들렸다. "임금께서는 사냥을 가지 마시오!" 이런 소리가 세 번이나 들렸으므로, 왕은 신하들을 돌아보고 그 까닭을 물으니, 侍從(시종)이, "후직의 무덤에서 나는 소리입니다."라 하였다. 이에 왕은 눈물을 흘리며, "〈생략〉 무슨 낯으로 夫子(부자)를 땅 밑에서 만나보리오?" 하며, 죽을 때까지 사냥을 하지 않았다 한다. (삼국사기)

**해설 및 보충설명**

김후직은 지증왕의 증손이다. 그는 진평왕을 섬겨 이찬이 되었다가 병부령으로 轉職(전직)하였다. 당시 왕은 국사에는 관심이 없고 매일 매와 사냥개를 놓아 꿩과 토끼잡이를 위해 산과 들로 뛰어다녔다. 이에 김후직은 왕에게 이 문제의 잘못됨을 간절히 충언하였다. 그럼에도 진평왕은 그의 말을 따르지 않았다. 그는 죽음에 임하여 아들에게 자기를 임금이 사냥 가는 길목에 묻으라고 유언한다. 아들은 아버지의 명령을 따랐고, 후일 임금이 사냥 갈 때, 그 무덤에서 "임금님께서는 사냥을 가지 마시오!"라 말했으니, 살아서 直諫(직간)하고 九泉(구천)에서 忠言(충언)한 것이다. 이 같은 김후직의 행위는 消極的(소극적) 愁心(수심)에서 나온 軟弱(연약)한 죽음이 아니라, 愛國(애국)을 위한 偉大(위대)한 忠正(충정)의 길이었음을 알 수 있게 한다.

## 1 한자어 풀이

- 侍從(시종) : 옛날에, 신분이 높은 사람을 따라다니며 시중을 들던 사람.
- 夫子(부자) : 인격이 아주 높아 모든 사람의 거울이 될 만한 사람의 경칭.
- 轉職(전직) : 직업을 바꾸어 옮김.
- 直諫(직간) : 기탄없이 바른 말로 간함.
- 九泉(구천) : 저승. 땅 속. 황천.
- 消極的(소극적) : 스스로 나아가려 하지 않고 활동적이지 못한 것.
- 愁心(수심) : 시름이나 걱정으로 어둡고 그늘진 마음.
- 軟弱(연약) : 사물이 부드럽거나 약함. 몸이 튼튼하지 못하고 허약함.
- 偉大(위대) : 뛰어나고 훌륭함.

**한자 학습**

羅(비단 라)
侍(모실 시)
軟(부드러울 연)
墮[堕](떨어질 타)
*稷(기장, 피 직)
*焦(탈 초)

## 2 한자 및 한자어 탐색

| 한자 | 뜻과 음 | 한자어 연구 |
|---|---|---|
| 次 | 버금 차 | 次期(차기) : 다음 시기.<br>次席(차석) : 수석의 다음 자리. |
| 泉 | 샘 천 | 泉石(천석) : 샘과 돌. 산과 물.<br>溪泉(계천) : 골짜기에서 솟는 샘. |
| 消 | 사라질 소 | 消滅(소멸) : 사라져 없어짐.<br>消息(소식) : 사실을 기별하여 알림. |
| 愁 | 근심 수 | 愁心(수심) : 근심스런 마음.<br>哀愁(애수) : 가슴에 스며드는 슬픈 근심. |
| 偉 | 위대할 위 | 偉人(위인) : 훌륭한 사람.<br>偉業(위업) : 위대한 업적. 뛰어난 업적. |
| 弱 | 약할 약 | 墮弱(타약) : 기력이 약함.<br>弱點(약점) : 불충분한 점. |

**심화학습**

**자원 한자 공부**

姿　資㊉次㊉咨　恣

| 한자 학습 | 次(버금 차)　資(재물 자)　姿(맵시 자)　恣(방자할 자)　*諮(물을 자)<br>咨(물을 자) |
|---|---|
| 자원 분석 | 次〔버금, 다음〕<br>資〔재물〕= 貝〔돈, 조개〕+ 次 ㉿<br>姿〔맵시〕= 女〔여자〕+ 次 ㉿<br>恣〔방자하다〕= 心〔마음〕+ 次 ㉿<br>咨〔묻다〕= 口〔입〕+ 次 ㉿<br>諮〔묻다〕= 言〔말하다〕+ 咨 ㉿ |

### ❸ 생활 한자어 활용

- 나는 將次 선생님이 되고 싶다.
- 나는 次男이어서 형이 공부한 책을 물려받았다.
- 내 친구는 대입 시험에서 次席으로 합격하였다.
- 그에게 屢次 편지를 했지만, 그 어떤 소식도 받지 못했다.

### ❹ 주요 성어 탐색

- 虎死留皮(호사유피) : 범은 죽어서 가죽을 남김.
- 勞心焦思(노심초사) : 마음으로 애를 쓰며 속을 태움.
- 老馬之智(노마지지) : 늙은 말의 지혜. 아무리 하찮은 것일지라도 저마다 장기나 장점을 지니고 있음. 경험을 쌓은 사람이 갖춘 지혜.

 생각 키우기

1. 임금이 좋아해서는 안 되는 금기 사항 중 그 하나가 '사냥'이라 할 수 있는데, 이는 왜일까요?

2. 김후직의 충간을 보고 어떤 생각을 했나요? 여러분이 만일 김후직과 같은 직책을 맡는다면 어떻게 행동했을까요?

## 3. 부자간의 은혜는 가볍고, 군신의 의리는 무겁다

宋象賢(송상현)은 壬辰倭亂(임진왜란) 때 東萊府使(동래부사)였다. 이때 왜적이 성 밑까지 육박하니, 그는 자기 능력으로는 막을 길이 없음을 알고, 가지고 있던 부채에 몇 글자를 써서 하인에게 주며, 그 아버지께 전하도록 했다.

달무리 진 외로운 성 안에서 왜적을 막을 대책이 없습니다(月暈孤城 禦賊無策).

이 때를 당하오니 부자간의 은혜는 가볍고, 군신의 의리는 무겁습니다(當此之時 父子恩輕 君臣義重). (해동속소학)

**해설 및 보충설명**

임진왜란이 일어나 왜적이 동래성에 침입하자, 송상현은 이 危難(위난)을 救濟(구제)하기 위해 최후까지 항전했으나, 결국 왜군이 성을 넘어 수도 없이 쳐들어와 急迫(급박)한 상황에 이르자, 그 防禦(방어)의 限界(한계)를 알고, 북쪽을 향해 임금께 절을 하고 부친께 드릴 마지막 글을 쓴 후 자결하려 했다. 그러나 쏜살같이 달려온 한 왜병에 의해 죽음을 당하고 만다. 송상현이 살해당하자 그 뒤를 따라 그의 충직한 부하 '신여로' 등도 자결하였다. 왜장이 송상현과 그 부하들의 절개에 감동을 받아 그들의 葬禮(장례)를 隆崇(융숭)히 치러 주었으며, 또 송상현을 죽인 왜병을 처형하기도 했다. 송상현이 죽은 후로 그의 죽음을 哀惜(애석)하게 여기듯 밤마다 밝고 붉은 기운이 하늘로 뻗쳐오르기를 수년간 했다는 설이 있다.

## ❶ 한자어 풀이

- 危難(위난) : 위급함과 곤란함.
- 急迫(급박) : 어떤 일이 눈앞에 바짝 다가가 있어 매우 급함.
- 防禦(방어) : 상대편의 공격이나 적의 침입을 막음.
- 限界(한계) : 능력이나 작용이 미칠 수 있는 범위의 끝.
- 葬禮(장례) : 죽은 사람을 땅에 묻거나 화장하는 예식.
- 隆崇(융숭) : 두텁게 존중함. 매우 높임.
- 哀惜(애석) : 슬프고 아까움.

**한자 학습**
- 象(코끼리 상)
- 策(꾀 책)
- 隆(성할 륭)
- 援(구원할 원)
- 制(지을 제)
- *倭(왜나라 왜)
- *窒(막힐 질)

## ❷ 한자 및 한자어 탐색

| 한자 | 뜻과 음 | | 한자어 연구 |
|---|---|---|---|
| 臣 | 신하 | 신 | 奸臣(간신) : 간사한 신하.<br>臣下(신하) : 임금을 섬기어 벼슬하는 사람. |
| 惜 | 아낄 | 석 | 哀惜(애석) : 슬프고 아깝게 여김.<br>惜敗(석패) : 경기 등에서 약간의 점수 차로 아깝게 짐. |
| 救 | 구원할 | 구 | 救援(구원) : 어려운 고비에서 건져줌.<br>救濟(구제) : 어려운 형편에 있는 사람을 도와 줌. |
| 急 | 급할<br>↔느릴 | 급<br>완(緩) | 急流(급류) : 급히 흐름. 또는 그 물.<br>窒急(질급) : 몹시 놀라거나 겁이 나서 숨이 막힘. |
| 限 | 한정 | 한 | 限量(한량) : 일정한 분량.<br>限界(한계) : 땅의 경계. 사물의 정해 놓은 범위.<br>限定(한정) : 수량이나 범위 등을 제한하여 정함. |
| 崇 | 높을 | 숭 | 崇尙(숭상) : 높이어 공경함.<br>崇高(숭고) : 존엄하고 거룩함. |

충성편

### 심화학습 | 부수 공부

阜(언덕 부)·阝(좌부 방)

'阜' 자는 험한 산비탈의 형상을 본뜬 글자로 '언덕'을 뜻하며, '언덕 부'라 한다. 편방자로 쓰이는 경우에는 '阝(언덕부)'의 형태로 사용되며, 이를 '좌부방'이라 한다.

| 한자 학습 | 限(한정 한)　陰(그늘 음)　陽(볕 양)　防(둑 방)　隊(떼 대)<br>隨[随](따를 수) |
|---|---|
| 성어 학습 | 陰地轉陽地變(음지전양지변) : 음지가 바뀌어 양지로 변함. |

### ③ 생활 한자어 활용

- 인간으로서 참는 데도 **限界**가 있다.
- 어린이날 무료입장권은 초등학생으로 **局限**되었다.
- 경부고속도로에서의 **制限** 속도는 시속 100km이다.
- 월드컵 축구 본선 진출을 위해 **最大限**으로 골득실 차를 벌여야 한다.

### ④ 주요 성어 탐색

- 論功行賞(논공행상) : 공을 논하여 거기에 알맞은 상을 내림.
- 累卵之勢(누란지세) : 알을 쌓아놓은 듯한 매우 위태로운 형세.
- 浩然之氣(호연지기) : 하늘과 땅을 꽉 메우는 넓고 큰 기운. 조금도 부끄러울 바 없는 도덕적 용기, 또는 자유롭고 느긋한 마음.

#### 생각 키우기

1. 송상현이 "부자간의 은혜는 가볍고, 군신의 의리는 무겁다."라 했는데, 여기에서의 부자와 군신의 경중은 무엇을 의미합니까?

2. 송상현이 국난에 임하여 동래성이 함락되는 것을 보고 어떤 생각을 했을까요?

충성편

## 4 군사 십만을 양성하십시오

율곡 이이가 병조판서였을 때, 經席(경석)에서 "〈중략〉 청컨대 8도에서 정예 군사를 미리 뽑아서 뜻밖의 재난에 대비하게 하소서."라 했거늘, 이때 좌우에 있던 사람들이 그 말에 협조하지 않았다. 그 후 임진년에 큰 亂離(난리)가 일어나니, 전쟁이 7년 동안이나 繼續(계속)되었다. (어우야담)

**해설 및 보충설명**

율곡 이이는 조선이 낳은 철학자·정치가·교육자이다. 어머니 신사임당의 영향을 받고 자랐으며, 16세에 어머니가 돌아가시자 금강산에 들어가 불교를 공부하기도 했다. 그러나 1년 뒤 성리학에 다시 몰두하였으며, 과거에 응시하여 8번이나 장원으로 合格(합격)하였다. 이조판서 등 두루 요직을 거친 대신으로, 그가 병조판서였을 때 經席(경석)에서 왕께 미리 10만 군사를 양성하여 만일에 대비해야지, 그렇지 않으면 10년을 못 넘겨 장차 흙이 무너지고 세상이 瓦解(와해)되는 난리가 있을 것임을 아뢰었다. 그러나 옆에 있던 사람들이 그의 말을 傾聽(경청)하려 하지 않았다. 율곡이 죽은 후 임진왜란이 일어나자 왕을 비롯하여 많은 대신들이 그의 先見之明(선견지명)에 탄복하였다.

사랑편

## ❶ 한자어 풀이

- **經席**(경석) : 왕을 교육하는 자리. 즉 경연(經筵)하는 곳.
- **亂離**(난리) : 전쟁을 달리 이르는 말.
- **繼續**(계속) : 어떤 일이나 현상이 끊이지 않고 이어지거나 이어지게 함.
- **合格**(합격) : 검사나 시험에 붙음.
- **瓦解**(와해) : 조직이나 단체 등이 더 지속되지 못하고 무너지거나 흩어짐.
- **傾聽**(경청) : 남의 말을 정신차리고 잘 들음.
- **先見之明**(선견지명) : 앞날의 일을 미리 헤아릴 줄 아는 능력.

| 한자 학습 |
|---|
| 繼[継](이을 계) |
| 媒(중매 매) |
| 審(살필 심) |
| *綜(모을 종) |
| *鉉(솥귀 현) |
| *融(녹을 융) |
| *璋(홀, 구슬 장) |

## ❷ 한자 및 한자어 탐색

| 한자 | 뜻과 음 | | 한자어 연구 |
|---|---|---|---|
| 席 | 자리 | 석 | 審査席(심사석) : 심사를 맡은 사람이 앉는 자리.<br>鉉席(현석) : 삼공(三公)의 지위. 또는 그 지위에 있는 사람. |
| 見 | 볼 | 견 | 見解(견해) : 자기의 의견으로 본 해석.<br>高見(고견) : 탁월한 의견. 남의 의견의 존칭. |
| 續[続] | 이를 | 속 | 續出(속출) : 잇달아 나옴.<br>續報(속보) : 계속하여 보도함. |
| 合<br>↔떠날 리(離) | 합할 | 합 | 媒合(매합) : 혼인을 중매함.<br>綜合(종합) : 많은 것을 하나로 통합함.<br>融合(융합) : 여러 요소가 녹아서 한 가지로 합쳐짐. |
| 瓦 | 기와 | 와 | 碧瓦(벽와) : 푸른 기와.<br>瓦全(와전) : 옥이 못 되고 기와가 되어 온전하게 남음. 아무 일도 않고 헛되이 신명(身命)을 보전함. |
| 聽[聴] | 들을 | 청 | 聽講(청강) : 강의를 들음.<br>聽衆(청중) : 강연을 듣는 군중. |

**심화학습**

**자원 한자 공부**

| 한자 학습 | 合(합할 합)　答(대답할 답)　給(줄 급)　洽(윤택할 흡)　恰(마치 흡) |
|---|---|
| 자원 분석 | 合〔합하다, 맞다〕 = 亼〔모으다〕 + 口〔입〕<br>答〔대답하다〕 = 竹〔대나무〕 + 合〔합하다, 맞다〕<br>給〔주다〕 = 糸〔실〕 + 合〔음〕<br>洽〔윤택하다〕 = 氵〔←水 물〕 + 合〔음〕<br>恰〔마치, 흡사〕 = 忄〔←心 마음〕 + 合〔음〕 |

### ③ 생활 한자어 활용

- 수소와 산소가 結合하여 물이 된다.
- 이제까지 사용한 돈의 合計는 얼마입니까?
- 형은 대학입학시험에서 목표하는 학과에 合格하였다.
- 신라는 당나라와 聯合하여 백제와 고구려를 멸망시켰다.

### ④ 주요 성어 탐색

- 弄瓦之慶(농와지경) : 딸을 낳은 경사(慶事).
- 弄璋之慶(농장지경) : 아들을 낳은 경사(慶事).
  ※ 옛날에 아들을 낳으면 장난감으로 구슬을 주고, 딸을 낳으면 실패를 주었다 함.
- 呼兄呼弟(호형호제) : 형이라 부르고 아우라 부른다는 뜻으로, 친형제처럼 가깝게 지냄.

1. 율곡 이이의 말대로 10만 양병을 추진했었다면, 임진왜란과 같은 국난이 일어났을까요?

2. 만약 우리나라에 임진왜란과 같은 전란이 다시 일어난다면, 이에 대한 대비는 어떻다고 생각합니까?

충성편

# 5 흙산을 빼앗다

　　唐(당)나라 李世勣(이세적)이 安市城(안시성)을 공격하였다. 〈중략〉 당나라 군사들이 흙산을 쌓아올리기를 무릇 60일에 50만 명을 動員(동원)하였다. 흙산의 頂上(정상)이 성보다 두어 길이나 높아 성 안을 내려다 볼 수 있었다. 그러나 흙산이 붕괴되면서 성을 짓누르자 성이 무너져 내렸다. 이에 우리 군사 수백 명이 성의 뚫린 곳으로 나가 싸워 흙산을 빼앗아 버렸다. 皇帝(황제)가 怒(노)하여 여러 將帥(장수)에게 명하여 사흘 동안 공격하였으나 이기지 못하였다. 〈삼국사기〉

**해설 및 보충설명**

　　안시성은 인구 약 10만의 고구려 성이다. 644년 11월 당 태종이 군사 10만을 이끌고 고구려 원정길에 오른다. 이듬해 4월부터 蓋牟城(개모성)·卑沙城(비사성)·白巖城(백암성) 등을 차례로 점령한 후 6월 李世勣(이세적)을 시켜 안시성 남쪽에 토산을 쌓게 하였다. 동원된 인원만도 50여만 명에 이르렀으며, 60여 일 만에 성보다 높게 쌓았다. 당나라 군사들이 토산 위에 올라 성 안을 공격하였고, 충거·포거 등으로 성을 붕괴하려 하였다. 이때 토산이 갑자기 무너져 내리자 고구려군이 성 밖으로 나아가 그 토산을 빼앗아 버렸으며, 당나라 군사는 3개월 동안 안시성을 포위하여 공격하였으나, 고구려군의 용맹한 기상을 꺾지 못했으며, 9월이 되어 날씨가 추워지고 양식도 점차 떨어졌으므로 철군을 결정한다. 당나라 군사가 철수를 시작하자 안시성주가 성 위에 올라 送別(송별)의 예를 표했으며, 당 태종도 적군일지라도 성주의 영웅적 지노력에 감동하여 비단 100필을 보내 고구려 국왕에게 그의 충정을 기렸다. 성주의 이름은 野史(야사)에는 楊萬春(양만춘) 또는 梁萬春이라 전하나, 正史(정사)에는 수록되지 않았다.

## 1 한자어 풀이

- 動員(동원) : 어떤 일을 하기 위하여 사람·물자·수단 등을 한데 모음.
- 頂上(정상) : 산의 맨 꼭대기. 경쟁이 벌어지는 일에서 최고의 위치.
- 皇帝(황제) : 제국의 군주.
- 將帥(장수) : 군사를 거느리는 우두머리.
- 送別(송별) : 떠나는 사람을 이별하여 보냄.
- 野史(야사) : 민간에서 기록되어 전해지는 역사.
- 正史(정사) : 바르고 정확한 역사. 국가 주도에 의하여 기록한 역사.

**한자 학습**

帥(장수 수)
卑(낮을 비)
沙(모래 사)
楊(버들 양)
穴(구멍 혈)
捉(잡을 착)
跳(뛸 도)
*牟(성, 보리 모)
*押(누를 압)
*震(우레 진)
*岐(산갈래 기)

## 2 한자 및 한자어 탐색

| 한자 | 뜻과 음 | 한자어 연구 |
|---|---|---|
| 怒 | 성낼 노 | 跳怒(도노) : 튀어 오름.<br>震怒(진노) : 윗사람이 크게 노함. |
| 頂 | 이마 정 | 頂上(정상) : 정수리. 산꼭대기.<br>頂點(정점) : 정상이 되는 점. 꼭지점. |
| 安 | 편안 안<br>↔위태할 위(危) | 安樂(안락) : 편안하고 즐거움.<br>安息(안식) : 근심 걱정 없이 편안하게 쉼. |
| 市 | 저자 시 | 市街(시가) : 도시의 큰 거리.<br>市民(시민) : 도시의 주민. 국정에 참여할 지위에 있는 국민. |
| 巖<br>[岩] | 바위 암 | 巖石(암석) : 매우 큰 바위.<br>巖穴(암혈) : 바위굴. 암굴. |
| 送 | 보낼 송<br>↔맞을 영(迎) | 捉送(착송) : 붙잡아 보냄.<br>送舊(송구) : 묵은 해를 보냄.<br>押送(압송) : 죄인을 잡아 보냄. 호송. |

## 심화학습

**자원 한자 공부**

怒　努/奴/拏　駑

| 한자 학습 | 奴(종 노)　努(힘쓸 노)　怒(성낼 노)　駑(둔할 노)　拏(잡을 나) |
|---|---|
| 자원 분석 | 奴〔종〕 = 女〔여자〕 + 又〔손〕<br>努〔힘쓰다〕 = 力〔힘〕 + 奴〔음〕<br>怒〔성내다〕 = 心〔마음〕 + 奴〔음〕<br>駑〔둔하다〕 = 馬〔말〕 + 奴〔음〕<br>拏〔잡다〕 = 手〔손〕 + 奴〔음〕 |

### ③ 생활 한자어 활용

- 努力은 성공의 어머니다.
- 일제에 주권이 넘어가자 모든 국민들이 怨怒하였다.
- 친구의 부주의로 핸드폰이 고장이 나자 그는 怒發大發하였다.
- 유도 경기에서 심판의 誤審(오심)으로 패하자, 그는 大怒하며 재심을 요구했다.

### ④ 주요 성어 탐색

- 多多益善(다다익선) : 많으면 많을수록 더욱 좋음.
- 惑世誣民(혹세무민) : 세상을 어지럽히고 백성을 미혹하게 하여 속임.
- 多岐亡羊(다기망양) : 길이 여러 갈래여서 양을 잃었다는 뜻으로, 학문의 방향이 여러 갈래여서 진리를 얻기가 어려움.

**생각 키우기**

1. 당나라와 고구려의 싸움은 지금의 중국과 우리나라와의 전쟁에 비견해 볼 수 있는데, 당시(當時) 당나라 군사를 물리친 고구려인들의 기상에 대해 말해 봅시다.
2. 전쟁에 장수의 중요성을 현대 정치적 지도자와 관련시켜 여러분의 생각을 논술해 봅시다.

충성편

# 6 만족할 줄 알면 싸움을 그칠 것이다

乙支文德(을지문덕)이 于仲文(우중문)에게 詩(시)를 보내어 말했다.
"귀신 같은 책략은 천문을 궁구하였고, 기묘한 술책은 지리에 통달하였다. 싸움에 이기어 공이 이미 높으니 만족함을 알거든, 원컨대 그칠지니라(策究天文 妙算窮地理 戰勝功旣高 知足願云止)." (삼국사기)

**해설 및 보충설명**

隋(수)나라 양제는 612년 113만 대군을 거느리고 고구려를 침입하였다. 수군은 대동강을 건너 평양성을 공격하였으나 고구려 군사에게 大敗(대패)하였고, 수나라 양제가 친히 거느린 부대는 고구려 요동성을 공격하였다. 또 별동대 30여만 명을 압록강 서쪽에 집결하여 평양성을 공격하려 하였다. 이를 눈치 챈 을지문덕은 그들을 살수까지 유인하고, 거짓 항복하여 적진에 들어가 그들의 虛實(허실)을 탐지하고 돌아온다. 그리고 대장 于仲文(우중문)에게 본문의 시를 보낸다. 수나라 군사들은 고구려 군에게 이미 속은 줄 알고 황급히 다시 북쪽으로 退却(퇴각)하려 했으나, 을지문덕은 그들이 살수를 반쯤 건넜을 때, 攻擊(공격)을 敢行(감행)하여 大勝(대승)을 거둔다. 이 싸움에서 수나라 군사는 크게 패하여 살아 돌아간 자가 몇 천 명에 불과했다고 한다.

충성편 171

## ❶ 한자어 풀이

- 大敗(대패) : 전쟁이나 경기에서 크게 짐.
- 虛實(허실) : 거짓과 참.
- 退却(퇴각) : 싸움에서 뒤로 물러남.
- 攻擊(공격) : 전쟁에서 적을 향하여 총 등을 쏘거나, 달려들어 찌르거나 침.
- 敢行(감행) : 어려움을 무릅쓰고 어떤 일을 하기로 용감하게 결정하여 실행함.
- 大勝(대승) : 전쟁·경기 등에서 크게 이김.

> **한자 학습**
> 擊(칠 격)
> 詳(자세할 상)
> 格(격식 격)
> *隋(수나라 수)
> *皓(흴 호)

## ❷ 한자 및 한자어 탐색

| 한자 | 뜻과 음 | | 한자어 연구 |
|---|---|---|---|
| 究 | 궁구할 | 구 | 詳究(상구) : 자세히 연구함.<br>追究(추구) : 근본을 캐어 들어 구명함. |
| 妙 | 묘할 | 묘 | 妙計(묘계) : 묘한 꾀.<br>妙味(묘미) : 미묘한 맛. |
| 算 | 셈할 | 산 | 算入(산입) : 셈에 넣음.<br>算出(산출) : 셈하여 냄. |
| 詩 | 시 | 시 | 作詩(작시) : 시를 지음.<br>詩格(시격) : 시를 짓는 법칙. 시의 풍격. |
| 于 | 어조사 | 우 | 于今(우금) : 지금까지.<br>于山國(우산국) : 울릉도의 옛 이름. 신라 지증왕 때 신라에 예속됨. |
| 云 | 이를 | 운 | 云爲(운위) : 말하는 일과 행동하는 일.<br>云云(운운) : 글이나 말을 인용 또는 생략할 때에 이러이러함의 뜻으로 쓰는 말. |

## 심화학습

**자원 한자 공부**

侍  待  詩
   寺
   持

| 한자 학습 | 寺(절 사)  侍(모실 시)  持(가질 지)  詩(시 시) |
|---|---|
| 자원 분석 | 寺〔절, 관청, 규칙〕= 寸〔법도, 마디〕+ 土〔←之〕(음)<br>侍〔모시다〕= 亻〔←人 사람〕+ 寺 (음)<br>待〔기다리다〕= 彳〔천천히 걷다〕+ 寺 (음)<br>詩〔시〕= 言〔말하다〕+ 寺 (음)<br>持〔가지다〕= 扌〔←手 손〕+ 寺 (음) |

### ③ 생활 한자어 활용

- 때 묻지 않은 순수한 **童詩**의 세계에는 꿈과 희망이 넘친다.
- 아름다운 경치를 보니, 나도 모르게 **詩想**이 눈앞을 아른거린다.
- 어제는 미술관에서 학교 선배들의 **詩畫展**이 성황리에 열렸다.
- 나는 학창시절 좋아하는 **詩句**를 보면 메모지에 적어 늘 외우곤 했다.

### ④ 주요 성어 탐색

- **丹脣皓齒**(단순호치) : 붉은 입술과 흰 치아란 뜻으로, 아름다운 여자를 비유.
- **魂飛魄散**(혼비백산) : 몹시 놀라 혼이 나고 넋이 흩어짐. ※혼(魂)은 양기로 정신을, 백(魄)은 음기로 육체를 말함.
- **單刀直入**(단도직입) : 혼자서 칼을 휘두르며 곧바로 적진으로 들어간다는 뜻으로, 말이나 글을 요점만 바로 언급하여 말함.

1. 을지문덕의 시에, "만족함을 알거든 원컨대 그칠 것이다."라 했는데, 여기에서의 '만족'은 무엇을 뜻합니까?
2. 적정(敵情)을 살피기 위해 적진(敵陣) 속에 들어간 을지문덕의 용기에 대해 말해 봅시다.

충성편

# 7 거북선을 만들다

　舜臣(순신)이 龜船[거북선]을 창조하니, 판으로써 그 위에 덮었고, 그 모양은 높고 길게 굽은 것이 마치 거북과 같았다. 전사와 노를 젓는 인부들은 모두 그 안에 탈 수 있었고, 전후좌우에 화포를 많이 실어 종횡으로 드나듦이 북과 같았으며, 적을 만나면 연이어 대포로써 이를 쳐부수었고, 모든 배가 일시에 合(합)하여 공격하면 연기와 불꽃이 하늘에 넘쳐 불타는 적선을 헤아릴 수 없었다. 〈징비록〉

**해설 및 보충설명**　이 글은 거북선의 모양과 구조 그리고 그 위력을 설명한 내용이다. 1591년(선조 24) 이순신은 전라좌도수군절도사로 順天府(순천부)의 영지에 赴任(부임)하면서 왜구의 侵入(침입)에 대비하여 특수전함인 거북선을 着眼(착안)하였다. 《난중일기》에 의하면 麗水(여수) 앞바다에서 거북선을 進水(진수)한 것은 1592년 3월 27일이고, 이에 裝置(장치)한 地字砲(지자포)·玄字砲(현자포)를 시험 射擊(사격)한 것은 4월 12일이었다. 그 뒤 거북선은 唐浦海戰(당포해전)에 처음 출동한 것을 시작으로 閑山島(한산도) 등지에서 혁혁한 전공을 세워 임진왜란을 승리로 이끌었다.

## ❶ 한자어 풀이

- **龜船**(귀선) : 거북선.
- **赴任**(부임) : 임명을 받은 곳으로 일하러 감.
- **侵入**(침입) : 함부로 남의 나라나 땅이나 집에 들어감.
- **着眼**(착안) : 어떤 점에 주의를 기울여 쓸모 있는 생각이나 방법을 떠올림.
- **進水**(진수) : 새로 만든 배를 처음으로 물에 띄움.
- **裝置**(장치) : 기계나 어떤 시설을 그것이 사용되는 장소에 설치함. 또는 그 물건.
- **射擊**(사격) : 총이나 대포 등을 쏨.

> **한자 학습**
> 龜[亀](거북 귀)
> 侵(침노할 침)
> 浦(물가 포)
> 樣(모양 양)
> 戈(창 과)
> 枕(베개 침)
> 零(떨어질 령)
> 緊[紧](굳을 긴)
> *舜(순임금 순)
> *傭(품팔이 용)
> *壕(해자, 도랑 호)
> *舶(큰 배 박)

## ❷ 한자 및 한자어 탐색

| 한자 | 뜻과 음 | | 한자어 연구 |
|---|---|---|---|
| 船 | 배 | 선 | 戈船(과선) : 창을 싣고 적을 막는 배.<br>傭船(용선) : 배를 세내어 씀. 또는 그 배.<br>船舶(선박) : 물 위에 떠서 사람·물건을 실어 나르는 큰 배. |
| 各 | 각각 | 각 | 各樣(각양) : 여러 가지 모양.<br>各處(각처) : 제각기 다른 여러 곳. |
| 島 | 섬 | 도 | 群島(군도) : 불규칙하게 모여 있는 크고 작은 섬들.<br>半島(반도) : 세 면이 바다에 싸이고 한 면은 육지에 연한 땅. |
| 頭 | 머리 | 두 | 枕頭(침두) : 베갯머리. 머리맡.<br>頭目(두목) : 좋지 못한 집단의 우두머리. |
| 防 | 막을 | 방 | 防共(방공) : 공산주의를 막아냄.<br>防空壕(방공호) : 적의 공습(空襲) 때 대피하기 위하여 땅 속에 마련한 시설. |
| 細 | 가늘 | 세 | 零細(영세) : 보잘것없이 작음.<br>詳細(상세) : 글이나 말 등이 내용에 있어서 작은 부분까지도 분명하게 밝혀 주는 상태. |

## 심화학습

**자원 한자 공부**

格　略　各　露　路

| | |
|---|---|
| 한자 학습 | 各(각각 각)　格(격식 격)　略(간략할 략)　路(길 로)　露(이슬 로) |
| 자원 분석 | 各〔각각〕= 夂〔뒤져 오다〕+ 口〔입〕<br>格〔격식〕= 木〔나무〕+ 各〔음〕<br>略〔간략하다, 대략〕= 田〔밭〕+ 各〔음〕<br>路〔길〕= 足〔발〕+ 各〔음〕<br>露〔이슬〕= 雨〔비〕+ 路〔음〕 |

**부수 공부**

糸(실 사)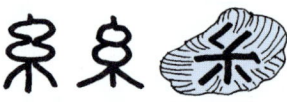

| | |
|---|---|
| 한자 학습 | 緊(굳을 긴)　累(포갤 루)　組(짤 조)　織(짤 직) |
| 성어 학습 | 緊密(긴밀) : 바싹 가까워 빈틈이 없음.<br>累計(누계) : 쌓아 온 그전 것까지 몰아서 계산함.<br>組織(조직) : 단체 등의 인원을 짬. |

### 3 생활 한자어 활용

- 백화점에는 各種 상품들이 진열되어 있다.
- 오늘 연극에서 우리는 各其 맡은 역할에 충실하였다.
- 국제협상에서 各國 대표들은 자기 나라의 이익을 위해 노력했다.
- 各界 지도자들이 우리 교육의 현안 문제를 논의하기 위해 한 자리에 모였다.

**생각 키우기**

1. 이순신의 시(詩 : 閑山島)를 읽고, 그의 충절을 생각해 봅시다.
   "물나라에 가을빛이 저무니, 추위에 놀란 기러기 떼 높이 떴네. 근심하는 마음으로 잠 못 이루는 밤에, 새벽달이 활과 칼을 비추고 있네.(水國秋光暮, 驚寒雁陣高, 憂心輾轉夜, 殘月照弓刀)"

2. 임진왜란 당시 만일 거북선이 건조되지 않았다면, 조선의 운명은 어떠했으리라 생각됩니까?

# 종합 정리(충성)

### 자원 한자 공부

視　現見硯　峴

| 한자 학습 | 見(볼 견)　現(나타날 현)　視(볼 시)　寬(너그러울 관)　*硯(벼루 연)<br>*峴(고개 현)　俔(염탐할 현)　晛(햇살 현) |
|---|---|
| 자원 분석 | 見[보다, 보이다] = 目[눈] + 儿[사람]<br>現[나타나다, 지금] = 王[옥] + 見(음)<br>視[보이다] = 見[보다, 보이다] + 示(음)<br>硯[벼루] = 石[돌] + 見(음)<br>峴[고개, 재] = 山[산] + 見(음) |

## ○ 한자 정리

| 단원<br>차례 | 중학교 한자 | 고등학교 한자 | 부수 한자 | 자원 한자 |
|---|---|---|---|---|
| 1 | 百, 支, 受, 認, 忘, 昔 | 襄, 濟, 却 |  | 昔 |
| 2 | 次, 泉, 消, 愁, 偉, 弱 | 羅, 侍, 軟, 姿, 恣, 資, 墮 |  | 次 |
| 3 | 臣, 惜, 救, 急, 限, 崇 | 象, 策, 隆, 援, 隊, 隨, 制 | 阝・阜 |  |
| 4 | 席, 見, 續, 合, 瓦, 聽 | 繼, 媒, 審 |  | 合 |
| 5 | 怒, 頂, 安, 市, 巖, 送 | 帥, 卑, 沙, 楊, 奴, 穴, 捉, 跳 |  | 奴 |
| 6 | 究, 妙, 算, 詩, 于, 云 | 擊, 格, 詳 |  | 寺 |
| 7 | 船, 各, 島, 頭, 防, 細 | 龜, 侵, 浦, 樣, 戈, 枕, 零, 緊,<br>累, 組, 織 | 糸 | 各 |
| 총계 | 42개 | 42개 | 2개 | 6개 |

## ○ 부수·자원 한자 정리

| 차례 | 부수 한자 | 해당 한자 | 자원 한자 | 해당 한자 |
|---|---|---|---|---|
| 1 | | | 昔 | 昔, 措, 惜, 借, 錯 |
| 2 | | | 次 | 次, 資, 姿, 恣, 咨 |
| 3 | 阝·阜 | 限, 陰, 陽, 防, 隊, 隨 | | |
| 4 | | | 合 | 合, 給, 答, 洽, 恰 |
| 5 | | | 奴 | 奴, 努, 怒, 駑, 孥 |
| 6 | | | 寺 | 寺, 待, 侍, 詩, 持 |
| 7 | 糸 | 緊, 累, 組, 織 | 各 | 各, 略, 格, 路, 露 |

## ○ 한자능력시험 급수별 한자

| 급 수 | 해당 한자 | 총 수 |
|---|---|---|
| 8급 | | 0 |
| 7급 | 百, 市, 安, 算 | 4 |
| 6급 | 合, 各, 席, 弱, 急, 消, 頭 | 7 |
| 5급 | 格, 見, 救, 島, 船, 臣, 偉 | 7 |
| 4급 | 擊, 繼, 究, 怒, 隊, 羅, 妙, 防, 象, 續, 送, 受, 崇, 詩, 樣, 援, 認, 姿, 資, 制, 濟, 組, 支, 織, 次, 泉, 聽, 侵, 限 | 29 |
| 3급 | 却, 戈, 龜, 緊, 奴, 跳, 零, 累, 隆, 忘, 媒, 卑, 沙, 詳, 惜, 衰, 帥, 隨, 愁, 侍, 審, 巖, 楊, 軟, 瓦, 于, 云, 恣, 頂, 捉, 策, 枕, 墮, 浦, 穴 | 35 |
| 2급 | 俑, 綜, 偏, 璋, 融, 皓, 倭, 准, 焦, 峴, 押, 岐, 壕, 稷, 震, 窒, 牟, 鉉, 魔, 舜, 隋, 舶, 弁 | 23 |
| 총수 | 8급 ~ 2급 | 105 |

■ **송영일**(宋永日) : 교육학 박사
- **현재** : 한국교원대 겸임교수, 대덕고 교사
- **경력** : 교원대, 공주교대, 서울교대 강사 역임
- **주요 저서** : 『한자·한문 교수학습 방법과 평가론』
  『조선시대 경연과 제왕교육』
  『한문교육론』
  『한문교육평가론』
  『정선한문강독』
  『임용고사 대비 전공한문 상·하』
  『임용고사 대비 전공한문 문제집』
  『쉬운 원리로 배우는 한자능력 시험』
  『수학능력시험대비 한문전공 문제집』
  『제7차 교육과정 중·고등학교 한문과 교육과정』 집필
  『제7차 교육과정 중·고등학교 한문과 교육과정 해설서』 집필

## 이야기 한문 공부 (Ⅰ)

**지은이** 송영일
**펴낸이** 박해성
**펴낸곳** 정진출판사

**초판 인쇄** 2006년 1월 20일
**초판 발행** 2006년 1월 25일

**주소** 서울특별시 성북구 석관 2동 341-48호
**전화** (02) 969-8561
**Fax** (02) 969-8592
**E-mail** JJ1461@chollian.net
**Homepage** www.jeongjinpub.co.kr
**등록일** 1989.12.20
**등록번호** 제6-95호
**ISBN** 89-5700-041-0

정가 7,000원